Harold BENJAMIN
Agrégé d'anglais
Professeur au lycée
Camille Pissarro de Pontoise

Maître de conférences
à l'université de Cergy-Pontoise

LEXIQUE L'ENTREPRISE et le monde du travail

Anglais

HACHETTE
Technique

Titres disponibles dans la collection LEXITEC
- Biologie humaine
- Droit commercial
- Édition et techniques éditoriales
- Marketing et techniques commerciales
- Publicité et communication d'entreprise

Titres disponibles dans la collection LEXITEC bilingue

Anglais
- Économie et commerce
- Industrie et techniques

Conception et réalisation : *Insolencre, PP*

ISBN 2-01-019030-0

Table des matières

Présentation **4**

Vocabulaire général **7**

- Anglais – Français 8
- Français – Anglais 44

Vocabulaire des spécialités **77**

- Au bureau 78
- Bureautique 82
- Chômage 90
- Communication et rendez-vous 94
- Conditions de travail 96
- Correspondance commerciale 102
- Énergie et ressources 112
- Formation professionnelle et carrières 117
- Industries 123
- Organisation de l'entreprise 132
- Paiements 138
- Rapports sociaux 140
- Réunions et conférences 148
- Télécommunications 152

Compléments **157**

- Abréviations 158
- Américanismes 170
- Faux amis 171
- Incoterms 176
- Monnaies 177
- Poids et mesures 180
- Sigles 182

Présentation

Le présent ouvrage s'appuie sur une documentation professionnelle et les articles de presse les plus récents. Il s'adresse à tous ceux qui ont à connaître –et à utiliser– le vocabulaire de l'entreprise, en particulier aux étudiants et enseignants :

- des BTS Tertiaires
- des DEUG
- des LEA
- des grandes écoles de gestion
- de la formation permanente et professionnelle.

• Outre un **lexique général** classique (Anglais – Français et Français – Anglais), il comprend un **lexique des spécialités** propres à chaque domaine, d'accès aisé (pages à bord grisé), permettant le cas échant un apprentissage raisonné et systématique du vocabulaire.

• En complément, on y trouvera des remarques générales sur la prononciation de l'anglais et des informations utiles telles que :

- les abréviations courantes
- les faux amis
- les incoterms de la chambre de commerce international
- la plupart des dénominations monétaires
- les poids et mesures
- les principaux sigles britanniques et américains.

Prononciation

I. Accentuation

L'accentuation correcte des mots est essentielle : bien plus encore qu'une voyelle ou un "th" mal prononcés, un accent tonique mal placé peut rendre la compréhension impossible à un interlocuteur anglophone.

La place des accents a été mise en relief dans un certain nombre de mots jugés problématiques (ex. : ad**ver**tisement, **ad**vertising, an **im**port, to im**port**, etc.). Il existe néanmoins quelques règles simples.

1. Accent sur la dernière syllabe

La plupart des mots se terminant par :

–ee, –eer, –ese, –ette : absen**tee** (exception : com**mi**tee), engi**neer**, officia**lese**, cou**chette**.

2. Accent sur l'avant-dernière

La plupart des mots se terminant par :

–ial, –ian, –ic, –ics, –ion, –itis : com**mer**cial, statis**ti**cian, eco**no**mic, ergo**no**mics (exception : **po**litics), infor**ma**tion (exception : **te**levision), hepa**ti**tis.

3. Accent sur l'antépénultième

La plupart des mots se terminant par :

–ety, –itive, –grapher, –graphy, –logy, –ise, –ize : so**ci**ety, com**pe**titive, pho**to**grapher, ge**o**graphy, a**po**logy, **ad**vertise, a**po**logize (exception : **na**tionalize).

II. Prononciation

La notation adoptée est celle de l'Association phonétique internationale.

1. Voyelles et diphtongues

[æ]	bad, fax, cash	[iː]	sea, steel, leverage	[ʊə]	poor, lure, sure
[ʌ]	cut, subject, supply	[ʊ]	full, bull, input	[ɪə]	care, mayor, bearish
[ɑː]	car, part, market	[uː]	cool, loser, crude	[ɔɪ]	boy, invoice, hoisting
[e]	pen, petrol, melt	[ə]	appoint, initials, above	[ɪə]	near, souvenir, steer
[ɜː]	bird, merger, perks	[aɪ]	bye, size, China		
[ɒ]	dog, job, shop	[eɪ]	may, data, sail		
[ɔː]	port, law, cause	[aʊ]	south, account, plough		
[ɪ]	sit, shift, picket	[əʊ]	know, code, console		

2. Consonnes et semi-voyelles

[p]	pear, pope	[s]	sit, sense	[l]	little, will
[b]	bear, baby	[z]	zero, buzz	[r]	run, rate
[t]	town, state	[θ]	think, bath	[m]	mum, Rome
[d]	dad, minded	[ð]	that, mother	[n]	nun, bean
[k]	cat, cock	[ʃ]	ship, wish	[ŋ]	sing, long
[g]	got, gag	[ʒ]	pleasure, leisure	[h]	hat, reheat
[f]	fine, leaf	[tʃ]	chance, match	[j]	yet, royal
[v]	vine, leave	[dʒ]	just, orange	[w]	wet, aware
				[x]	loch

3. Divers

[ʳ] représente un [r] prononcé s'il forme une liaison avec le mot suivant.
[ˈ] accent tonique
[ˌ] accent tonique secondaire

Liste des abréviations utilisées

GB	mot ou expression spécifiquement britannique
US	mot ou expression spécifiquement américain(e)
FR	équivalent spécifiquement français
sing.	singulier
coll.	collectif
ind.	indénombrable
Pl	pluriel
adj.	adjectif
adv.	adverbe
subst.	substantif
fam.	familier
péj.	péjoratif

Vocabulaire général

Anglais – Français 8
Français – Anglais 44

Anglais – Français

an **ability** *(!)* capacité

able capable

above-mentioned mentionné ci-dessus

absenteeism [ˌæbsən'tiːɪzəm] absentéisme

an **abstention** abstention

an **acceptance bill** traite contre acceptation

accessories accessoires

an **accommodation bill** traite de complaisance

accordance with (in ~) conformément à

accordingly donc, en conséquence

according to selon

an **account executive** responsable de budget

the **accounts** comptes, comptabilité

the **accounts department** service de comptabilité, services comptables

accurate exact, précis

acetate ['æsɪteɪt] acétate

an **acknowledgement** [ək'nɒlɪdʒmənt] accusé de réception, récépissé

to **acknowledge receipt** [rɪ'siːt] accuser réception

to **acquire** [ə'kwaɪəʳ] acquérir

acrylan, acrylic acrylique

an **Act** *(!)* décret, loi (ratifiée)

to **act ultra vires** ['ʌltrə'vaɪəriːz] commettre un excès de pouvoir

an **active partner** commandité, associé gérant

addition (in ~) de plus

attendance (to be in ~) assister sans être partie prenante, être observateur

an **address** adresse
to address adresser, écrire l'adresse

the **addressee** [ˌædre'siː] destinataire

an **addressing machine** machine à adresser

to **address the Chair** en appeler au président de séance

to **adjourn** [ə'dʒɜːn] ajourner

adjustment adaptation

an **advance** progrès

an **advance notice** préavis (de grève)

the **advertising manager** chef de publicité

an **advice note** avis d'expédition

the **after-sales department** service après-vente

the **agenda** *(!)* ordre du jour, programme d'une réunion

an **agreement**
1. accord
2. convention
3. contrat

air conditioning climatisation

the **aircraft industry** industrie aéronautique

air mail
1. courrier par avion
2. poste aérienne
to air mail envoyer par avion

an **airmail letter** lettre par avion

an **allowance** allocation, prime

an **alloy** alliage

to **alter** modifier

alternatively comme autre possibilité

to **amalgamate** *(!)* fusionner
an amalgamation fusion (d'entreprises)

an **amendment** amendement (à une proposition)

an **analysis,** *Pl* **analyses** analyse
to analyse analyser

anger colère

the **annual general meeting, AGM** assemblée générale annuelle

an **answerback code** indicatif (télex)

an answering machine répondeur

an answer phone répondeur

anthracite anthracite

anti-freeze antigel

Any Other Business, AOB questions diverses (à la fin d'un ordre du jour)

to apologize for sth. s'excuser de qqch.
an apology *(!)* excuse

an apparatus, *Pl* **apparatuses** [ˌæpə'reɪtəsɪz] **or apparatus** [ˌæpə'reɪtəs]
1. appareil
2. dispositif

to appeal to the Chair en appeler au président de séance

an appliance [ə'plaɪəns] appareil, dispositif
appliances [ə'plaɪənsɪz] équipements

an application *(!)* candidature
an applicant candidat, demandeur

to apply for a job postuler un emploi

to appoint a date fixer une date

the appointee [əˌpɔɪn'tiː] personne nommée

an appointment *(!)*
1. nomination
2. rendez-vous

an appointment (to make ~) prendre rendez-vous

appointments vacant offres d'emploi (nom de la rubrique)

to appoint s.o. *(!)* nommer qqn

appraisal appréciation, évaluation

to appreciate apprécier, être sensible à

an apprentice [ə'prentɪs]apprenti
apprenticeship apprentissage

approved for connection agréé par les Postes

approximate / approx. approximatif

arbitration arbitrage

archaic [ɑ'keɪɪk] archaïque

archival *(!)* **storage** ['ɑkaɪvəl] stockage d'archives

an area code ['ɛərɪə] indicatif téléphonique

arrangements (to make ~) prendre des dispositions pour qqch.

tto arrange sth. prendre des dispositions pour qqch.
arrangements mesures, préparatifs

arrested (to be ~) être arrêté

the Articles of Association, Articles of Partnership statuts d'une société

articulate *(!)* qui sait s'exprimer

the art manager directeur artistique

an assembly line chaîne de production, de montage
to assemble monter, assembler

an asset atout

to assign affecter [ə'saɪn]
an assignment
1. affectation
2. mission

an assistant general manager directeur général adjoint

an assistant manager sous-directeur, directeur adjoint

to assure assurer, donner l'assurance que

as to en ce qui concerne

an atmosphere *(!)* ambiance, climat

to attach attacher, joindre

attention (one's best ~) toute son attention

the attention of (for ~) à l'attention de

an attested cheque chèque certifié

attractive intéressant

an auditor *(!)* commissaire aux comptes

an auto-maker constructeur automobile

automated automatisé
automatic automatique

automatic debiting prélèvement automatique

available to s.o. (to make sth. ~) mettre qqch. à la disposition de qqn

an average moyenne, *subst.*
average moyen, *adj.*

to avoid éviter
avoidable évitable

to await attendre

an award prix
to award sth. accorder, attribuer qqch. (en récompense)

aware of (to be ~) se rendre compte de

away (to be ~) être absent, parti

the **back (at ~)** au verso

to **back a draft** avaliser une traite

the **background**
1. milieu
2. études, formation

a **background task** tâche de fond

back up de secours

a **back-up** copie de sauvegarde
back up de secours
to back up effectuer une copie

to **back up a claim** soutenir une revendication

a **bailiff** huissier

ballot papers bulletins de vote

a **ballpoint pen** stylo à bille

a **bank clerk** [kla:k] *GB*, [klɜ:rk] *US* employé de banque

a **bank holiday** *(!)* jour férié légal

bankrupt (to go ~) ['bæŋkrʌpt] faire faillite
bankruptcy ['bæŋkrʌptsɪ] faillite

a **banner** banderole

a **bar chart** graphique à barres, histogramme

to **bargain** négocier

a **barrel** baril (= 159 l)

a **barricade** barricade

a **barrister at law** avocat à la cour

basic fondamental

to **beef up** renforcer les effectifs

beforehand à l'avance

behalf of (on ~) de la part de, au nom de

to **behave** se comporter
behaviour [bɪ'heɪvjəʳ] comportement

below en dessous (de), ci-dessous

benefits avantages

besides en outre, outre que

a **bill** projet de loi

a **billion** *US* milliard

a **bill of exchange, b/e** lettre de change

a **bill of lading, b/l** connaissement

a **binding** ['baɪndɪŋ] reliure

a **bit (Binary digIT)** bit (chiffre binaire)

bitterness amertume, rancœur

a **blackleg** «jaune», briseur de grève

to **blackmail** faire chanter, exercer un chantage

a **blackout** panne d'électricité

to **blame oneself** s'accuser, s'en prendre à soi-même

to **blame sth. on s.o.** reprocher qqch. à qqn

a **blast furnace** haut fourneau

a **bleeper** «beeper» *(faux anglicisme)*

to **blockade** faire le blocus

a **blotter** buvard

a **blue-collar worker** «col bleu»

a **board of directors** conseil d'administration

the **body of a letter** corps d'une lettre

a **boiler** chaudière

bold en caractère gras

bold type caractères gras

a **bolt** boulon

a **bonus** ['bəʊnəs] prime

to **boost**
1. stimuler
2. développer

to **bore** forer (un puits)
boring forage

to **bow to blackmail** céder au chantage

a **box-file** boîte de classement

brackets parenthèses

a **branch** *(!)*
1. section syndicale
2. succursale

a **branch manager** directeur de succursale

to **branch out into** étendre ses activités à

brass cuivre

a **break** pause

to **break / broke / broken down** tomber en panne

a **breakthrough** percée, avancée, progrès décisif

a **breeder (reactor), a fast-breeder (reactor)** surgénérateur, surrégénérateur

brittle cassant, friable

a **buffer** mémoire-tampon

a **bug** défaillance logicielle

a **bundle of paper** liasse de papier

to **burst / burst / burst out** éclater

business *indén.* les affaires

a **business** affaire, entreprise

a **business card** carte de visite professionnelle

a **business concern** entreprise commerciale

the **business manager** directeur commercial

a **business school** école supérieure de commerce

a **by-product** sous-produit

a **byte** ['baɪt] octet (= 8 bits)

c/o, care of aux bons soins de

a **cabinet** meuble à tiroirs

a **calculating machine** machine à calculer

a **call** appel téléphonique

to **call a meeting** convoquer une assemblée

to **call a strike** lancer un mot d'ordre de grève

a **call charge** taxe de communication

a **caller, a calling party** demandeur

call logging enregistrement des appels

to **call off a strike** annuler un mot d'ordre de grève

camera (in ~) à huis clos

a **can'canny strike** grève perlée

to **cancel** annuler
a cancellation annulation

a **canteen** cantine, réfectoire

capital majuscule

capital goods biens d'équipement

the **capital issue department** service des émissions

a **capital letter** lettre capitale

capitals (in ~) en capitales d'imprimerie

carbon carbone

carbon dioxide anhydride carbonique, CO_2

a **carbon sheet** feuille de papier carbone

a **card** fiche
to card mettre en / sur fiche

carded wool laine cardée

a **card index** fichier

a **card reader** lecteur de cartes perforées

a **career** carrière, métier

careers education *GB* enseignement professionnel

a **careers officer** *GB* conseiller d'orientation

a **car-phone** téléphone de voiture

a **carriage return** retour chariot

to **carry out** effectuer, mener à bien (un travail de recherche)

to **carry over** reporter

a **cartel** cartel

a **cartridge** cartouche

case (in ~) au cas où

case (in any ~) en tout cas

a **case**
1. cause
2. affaire
3. procès

to **cash a cheque** encaisser un chèque

cash on delivery, cod paiement comptant à la livraison

cash with order, cwo paiement comptant à la commande

to **cast** couler, fondre

a **casting vote** voix prépondérante (accordée au président d'une assemblée quand les avis sont également partagés)

cast-iron fonte

to **catch / caught / caught up with s.o.** rattraper qqn

a **cause** cause, raison
to cause causer, faire (en sorte) que

caution prudence
cellulose cellulose
a **Central Processing Unit, CPU** unité centrale
a **certainty** certitude
a **certificate of posting** récépissé (d'envoi recommandé)
a **certification** certificat
Chair (to be in the ~) présider
chair! chair! *(!)* à l'ordre !
to **chair a meeting** présider une réunion
the **chairman, the chairwoman, the Chair** président(e) de séance
the **chairman & managing director** *GB*, **president** *US* président-directeur général, PDG
the **chairman of the board** président du conseil d'administration
change *(!)* changement
a **channel** circuit
to **chant** *(!)* **slogans** scander des slogans
a **character reference** *(!)* certificat de bonne moralité
charcoal charbon de bois
a **chart**
1. tableau, organigramme
2. graphique, courbe
a **check** *US*, **a cheque** *GB* chèque
to **check** vérifier
to **check in** pointer (à l'entrée)
to **check out** pointer (à la sortie)
the **chemical industry** industrie chimique
chemicals ['kemɪkəlz] produits chimiques
a **cheque** *GB*, **a check** *US* chèque
a **cheque to bearer** chèque au porteur
a **cheque without cover** chèque sans couverture
the **chief accountant** chef comptable, chef de la comptabilité
the **chief executive officer, CEO** *US* président-directeur général, PDG
child care facilities, child minding facilities crèche, garderie
a **chimney-stack** cheminée d'usine
china *(!)* porcelaine
a **chip** circuit intégré, «puce»
a **civil servant** *GB* fonctionnaire
the **civil service** fonction publique
a **claim** revendication, exigence
a **claim for damages** demande de dommages et intêrets
to **claim one's rights** revendiquer ses droits
the **claims department** service des réclamations, du contentieux
to **clash** entrer en conflit
clay argile
cleaning entretien, nettoyage
a **cleaning kit** nécessaire de nettoyage
to **clear** effacer, remettre à zéro
clerical work *(!)* travaux administratifs, travail de bureau
a **clerck** *(!)* [klaːk] *GB*, [klɜːrk] *US* employé de bureau
a **clip** agrafe
to clip agrafer
a **clipboard** presse-papier
to **clock in** pointer (à l'entrée)
to **clock out** pointer (à la sortie)
a **close** fin, formule finale
to close clore, terminer
to **close a gap** combler un retard
to **close down** fermer ses portes
a **closed-circuit television network** [–'sɜːkɪt] circuit fermé de télévision
a **closed shop** entreprise qui n'embauche pas de travailleurs non syndiqués
a **closet** armoire
close to exhaustion sur le point d'être épuisé
a **closure** fermeture (puits, usine)
cloth drap (étoffe)
coal charbon, houille
a **coal-bed, a coal-seam** gisement, filon houiller
a **coal-field** bassin, gisement houiller
coal-mining charbonnage, exploitation de la houille

a **coal-mining district** bassin houiller

to **coat**
1. revêtir, couvrir
2. armer

a **code** code

a **coffee break** pause café

coke coke

a **collator** collateur

a **collection** levée du courrier

a **collective agreement** convention collective

collective bargaining concertation, négociations collectives

a **college graduate** diplômé de l'université

a **collier** mineur (de charbon)
a **colliery** houillère

a **colon** deux points (:)

a **combine** *(!)* ['kɒmbaɪn] concentration, cartel, trust

to **come to maturity** venir à échéance

to **come to terms with sth.** se résigner à qqch., finir par accepter qqch.

a **comma** virgule

to **commit oneself to sth.** s'engager à faire qqch.

a **committee** comité

a **company** *GB*, **a corporation** *US* société

the **Company Act** *GB* loi sur les sociétés

a **company car** voiture de fonction, véhicule de société

comparatively relativement

compassionate leave *(!)* congé pour convenance personnelle

compatible compatible

compensation indemnités

competent compétent

a **competition** *(!)* concours

a **complaint (to make ~)** porter plainte, déposer une plainte

to **complain** se plaindre
a **complaint** plainte, réclamation
a **complainant** plaignant

the **complaints department** service des réclamations, du contentieux

to **complete** *(!)* achever
completion achèvement

the **complimentary close** formule de politesse en fin de lettre

to **comply with sth.** se conformer à qqch., se soumettre à qqch., se plier à qqch.

a **component** composant

component parts pièces détachées

to **compromise over sth.** transiger sur qqch., aboutir à, accepter un compromis

a **computer** ordinateur

a **computer buff, a computer nerd** passionné d'informatique

computerese [kəm,pju:tə'ri:z] jargon informatique

computer graphics l'infographie

the **computer is down** l'ordinateur ne fonctionne pas

the **computer is up** l'ordinateur fonctionne

computer science l'informatique

a **computer terminal** terminal d'ordinateur

a **concern** entreprise, affaire

concern *indén.* inquiétude, préoccupation

concise [kən'saɪs] concis

a **conference** conférence, consultation

confidence (in ~) confidentiellement

confident *(!)*
1. assuré, persuadé
2. confiant
confidential confidentiel

to **confirm** confirmer
confirmation confirmation

to **confirm the minutes** approuver le procès-verbal

a **conglomerate** conglomérat, consortium

a **congress** congrès

to **connect** mettre en communication

connected (to be ~) être en ligne

conciseness [kən'saɪsnɪs] concision

a **consensus** consensus

to **conserve** *(!)* préserver, économiser
conservation
1. préservation, protection
2. économies (d'énergie)

to **consider** considérer, examiner, étudier, envisager de faire
consideration considération, étude, examen

consideration of (in ~) en raison de, compte tenu de

a **console operator** pupitreur

a **consortium** consortium

to **consume** consommer
consumption consommation
a consumer consommateur

to **contact** entrer en relations avec

the **contents** contenu

to **contradict** contredire

a **control unit** unité de contrôle

convenience (at your earliest ~) à votre meilleure convenance, dès que possible

convenient pratique, commode

a **converter** convertisseur

a **conveyor belt** courroie transporteuse

to **cool** refroidir

a **cooling agent** réfrigérant

a **cooling tower** tour de refroidissement

a **co-operative (society)** coopérative

a **co-opted member** membre co-opté

to **cope with sth.** faire face, être à la hauteur de qqch.

a **copier** photocopieuse

copper cuivre

a **copy**
1. copie, double
2. exemplaire

a **cordless phone** téléphone sans fil

the **core** cœur (d'un dispositif)

corporate de l'entreprise

corporate planning action concertée (au niveau de l'entreprise)

a **corporation** *US*, **a company** *GB* société

correctness correction, exactitude

to **correspond to / with** correspondre à / avec

correspondence correspondance
a correspondent correspondant

a **cost of living allowance** prime de vie chère

to **counterfeit** ['kaʊntəfi:t] contrefaire
counterfeit contrefaçon

a **counter-offer** contre-proposition

a **course** [kɔ:s] cours (série de leçons)

a **Court (of Justice)** tribunal

courteous courtois, poli

a **cover** couverture (sociale)

a **craft** métier (technique, en part. manuel)

a **craftsman**
1. ouvrier professionnel
2. artisan

craftsmanship qualité du travail

to **crash** tomber en panne, «se planter» (logiciel)

credentials titres (qualifications)

a **creditor** créancier

a **crisis,** *Pl* **crises** ['kraɪsɪs, –si:z] crise

to **cross a cheque** barrer un chèque

a **crossed cheque** chèque barré

the **crossing** barrement d'un chèque

to **cross the picket lines** franchir les piquets de grève

crude oil pétrole brut

a **crunch** *US* situation de crise

to **curb** maîtriser, contenir

a **current account** compte courant

current use (in ~) d'un emploi habituel

a **curriculum vitae** curriculum vitae, CV

the **customer service department** service après-vente

to **cut / cut / cut off** couper (une communication)

cutlery coutellerie

cut off from sth. (to be ~) être coupé de qqch.

a **CV** [si:vi:] curriculum vitae, CV

a **daisy-wheel printer** imprimante à marguerite, qualité courrier

a **dam** barrage

damages ['dæmɪdʒɪz] dommages et intérêts

to **dam a river** construire un barrage sur un fleuve

danger money prime de danger

a **dash** tiret (–)

a **data bank** ['deɪtə] banque de données

a **data base** base de données

a **database management system** gestion de base de données, SGBD

data capture, data input saisie de données

data processing traitement des données, informatique

the **data processing department** service informatique, service mécanographique

the **data processing manager** directeur du service informatique

data transmission transmission de données

date (to be out of ~) être démodé, dépassé

a **date**
1. date
2. rendez-vous (amoureux)

the **date of filing** date de dépôt

date of maturity date d'échéance

a **dater** timbre dateur

a **day-care centre** crèche, halte-garderie

a **day off** jour de congé

a **dead end job** travail sans perspectives d'avenir

a **deadlock** impasse (situation bloquée)

a **debt** [det] dette

a **debtor** ['detə[r]] débiteur

to **decide** décider

a **decision** décision

a **decision support system** système d'aide à la décision

a **deduction from pay** retenue à la source

defective défectueux

definite
1. défini, précis
2. certain

a **degree** *(!)* [dɪ'gri:] diplôme d'enseignement supérieur

dejected abattu, las

dejection abattement

a **delay** *(!)* retard

to **delay** *(!)* retarder

a **delegate** délégué

to **delete** [dɪ'li:t] effacer, supprimer

a **delivery** distribution (de courrier)

the **delivery department** service de livraison

a **demand** *(!)* revendication

to **demand the floor** réclamer, exiger la parole

a **demarcation** *(!)* **dispute** conflit des attributions (du travail)

a **demo** manif

to **demonstrate** *(!)* manifester

a **demonstration** *(!)* manifestation

a **demonstrator** *(!)* manifestant

demoralising démoralisant

to **demote** rétrograder

a **demotion** rétrogradation

a **department** service, département, branche

a **department manager** *GB*, **vice-president** *US* directeur de filiale, directeur de service

dependence dépendance

dependent on (to be ~) dépendre de

to **deplete** épuiser (des ressources)

a **deposit** gisement

the **deputy Chair, the vice Chair** vice-président(e) de séance

the **deputy manager** directeur adjoint

to **deserve sth.** mériter qqch.

design *(!)*
1. conception
2. dessin

to **design** *(!)*
1. concevoir
2. dessiner

the **design department** service technique

a **desk** bureau

a **desk-calculator** calculette

a **desktop computer** ordinateur de bureau

desktop publishing publication assistée par ordinateur, PAO

despite [dɪs'paɪt] malgré

to **deter s.o. from doing sth.** dissuader qqn de faire qqch.

determined to (to be ~) être décidé à

to **develop a product** *(!)* mettre au point un produit

a **development** *(!)* progrès

a **device**
1. appareil
2. système, procédé, dispositif

devised (to be ~) être conçu

to **dial a number** ['daɪəl] composer un numéro

a **dialling tone** tonalité

a **diary** ['daɪrɪ]
1. agenda
2. carnet de rendez-vous

a **Dictaphone** Dictaphone

to **dictate** dicter

a **dictating machine** machine à dicter

a **dictation** dictée

diesel oil gasoil (pour moteur diesel)

to **differ (from)**
1. être en désaccord avec
2. être différent de

different from différent de

to **dig / dug / dug** creuser

a **digit** chiffre, caractère

digital numérique

to **digitize** numériser

a **dilemma** [daɪ'lemə] dilemme

a **diploma** diplôme

direct discrimination discrimination au premier degré

a **director**
1. directeur
2. administrateur, membre du conseil d'administration

a **directory** [dɪ'rektərɪ] annuaire, répertoire

a **disability, a disablement** handicap, infirmité

disability insurance assurance invalidité

a **disability pension** pension d'invalidité

a **disabled person** handicapé (e)

the **disabled** *nom coll.* les handicapés

to **disappoint** décevoir

disappointment déception

disbelief incrédulité

a **discharge** *(!)* renvoi, congédiement

to **discharge s.o.** *(!)* congédier, renvoyer qqn

discontent mécontentement

to **discount a bill** escompter une traite

discount rate taux d'escompte

to **discover** découvrir

a **discovery** découverte

a **discrepancy**
1. écart, décalage
2. désaccord

discriminated against (to be ~) être victime de discrimination

discrimination discrimination

discriminatory practices pratiques discriminatoires

dis-economies of scale déséconomies d'échelle

a **disk drive** lecteur de disquettes

a **disk operating system** système d'exploitation

to **dismiss** renvoyer

a **dismissal** renvoi

to **dismiss without notice** renvoyer sans préavis

the **dispatch department** service des expéditions

to **display** afficher, visualiser

the **disposable income** revenu disponible

disposal disposition

disposal (at s.o.'s ~) à la disposition de qqn

to **dispute sth.** discuter, débattre de qqch.

dissatisfaction mécontentement

dissatisfied mécontent

distributed data processing télématique

the **district manager** directeur régional

to **diversify** (se) diversifier

to **divest oneself of** se défaire de

a **divestiture, divestment** cession, désengagement

the **division of labour** division du travail

a **docket**
1. bordereau
2. étiquette
3. extrait

to **docket** étiqueter, classer

a **documentary draft** traite documentaire

Documents against Acceptance, d/a documents contre acceptation

Documents against Payment, d/p documents contre paiement

the **dole** allocation de chômage

the **dole (to be on ~)** toucher l'allocation de chômage

the **domestic demand** demande intérieure

a **dot-matrix printer** imprimante à aiguilles, matricielle

a **dotted line** ligne pointillée (----------)

double-sided copying copie recto-verso (par une photocopieuse)

doubt [daʊt] doute

doubt (no ~) sans aucun doute

to **doubt** mettre en doute, douter de

to **downgrade** rétrograder

a **DP (data processing) specialist** informaticien

a **draft**
1. brouillon, avant-projet
2. traite

to **draft** rédiger, faire le brouillon

a **draft agreement** protocole d'accord

to **drag one's feet** traîner les pieds, être réticent

to **draw / drew / drawn a bill** tirer une traite

the **drawee** [drɔ'iː] tiré

a **drawer** ['drɔəʳ] tiroir

the **drawer** ['drɔəʳ] tireur

to **draw s.o.'s attention to** attirer l'attention de qqn sur

to **draw up a protest** dresser un protêt

to **drill** percer, forer (un puits)

drilling forage

a **drilling platform** plate-forme de forage

to **drop a claim** renoncer à une revendication

to **dry up** (se) tarir

a **dud cheque** chèque en bois

due course (in ~) [djuː] en temps voulu

due to dû à, en raison de

duly dûment

duplicate (in ~) en double exemplaire

to **duplicate** établir un double, polycopier

to **dwindle** diminuer

a **dye** [daɪ] teinture

E

early retirement retraite anticipée

to **earn** gagner (par son travail)

to **earn a living** gagner sa vie

earnings revenus

to **edit** modifier, monter (texte, document)

to **educate** *(!)* instruire

educated *(!)* instruit

efficiency [ɪ'fɪʃənsɪ] efficacité

efficient [ɪ'fɪʃənt] efficace

an **eight-hour shift** équipe de huit heures

electrical engineering technique électrique / l'électricité

electricity électricité

electronic électronique

Electronic Data Interchange, EDI Échange de documents informatisés, EDI

electronic filing ['faɪlɪŋ] archivage électronique

electronic mail messagerie, boîte aux lettres électronique

electronic support aide électronique

an **electronic typesetter** machine à écrire électronique

eligible for sth. (to be ~) *(!)* remplir les conditions requises pour qqch.

to **eliminate jobs** supprimer des emplois

E-mail ['i:meil] messagerie électronique

to **emphasize** insister sur, mettre en valeur

to **employ** employer

an **employee** [ɪmplɔɪ'i:] employé

an **employer** employeur

employment emploi, embauche

an **employment agency** bureau, agence de placement

an **employment scheme** [ski:m] plan pour l'emploi

to **enable** permettre de

to **enclose** joindre

enclosed ci-joint

enclosed (please find ~) veuillez trouver ci-joint

an **enclosure** pièce jointe

to **endeavour** [ɪn'devəʳ] s'efforcer

energy énergie

to **enforce the law** appliquer la loi

engaged occupé (téléphone)

to **engage s.o.** embaucher, engager qqn

an **engine**
1. machine (productrice d'énergie)
2. moteur

an **engineer** ingénieur

engineering
1. construction mécanique
2. travail d'ingénieur

the **engineering department** service technique

an **engineering manager** directeur technique

engrossing captivant

enlargement agrandissement (d'un document, etc.)

Enquiries [en'kwaɪərɪz] Renseignements (le «12»)

to **enter into partnership** former une société de personnes

entitled to sth. (to be ~) avoir droit à qqch.

an **entrepreneur** [ˌɒntrəprə'nɜ:ʳ] chef d'entreprise, entrepreneur

an **entry** passation d'écriture

an **envelope** enveloppe

an **envelope-file** chemise cartonnée

the **environment** [ɪn'vaɪərənmənt] cadre (de vie)

equal ['i:kwəl] égal

equal employment opportunities égalité des chances sur le marché du travail

equal to the job (to be ~) être à la hauteur de la tâche

equality égalité

equipment *(!)* matériel

the **equipment department** service du matériel, service fournisseur

an **eraser**
1. gomme
2. effaceur

ergonomics ergonomie

an **error** erreur

errors and omissions excepted, EOE sauf erreur ou omission

especially surtout

essential essentiel, indispensable

an **establishment** établissement

estrangement isolement

ethnic minorities minorités ethniques

every third day / month tous les trois jours / mois

an **evil** ['iːvəl] mal, fléau

to **evolve** évoluer

exciting *(!)* passionnant

an **exclamation mark** point d'exclamation

to **exclude** exclure

an **executive**
1. cadre
2. chef de service
3. directeur/directrice

an **executive member** membre du comité de direction

an **executive officer** cadre supérieur, dirigeant

an **executive secretary** secrétaire de direction

to **exert pressure** exercer des pressions

exhaust échappement

to **exhaust** épuiser (ressources)

exhausting épuisant

an **ex(-)officio member** membre de droit

to **expect** attendre, s'attendre à

to **experience difficulties** se heurter à des difficultés

an **experiment** expérience (scientifique)

expert habile, compétent

expertise *(!)* connaissances techniques

exploration prospection, recherches

to **explore for oil** rechercher du pétrole

the **export department** service des exportations

an **extension** poste

extra en plus, en sus, en supplément

to **extract** extraire

extra hours heures supplémentaires

an **extraordinary general meeting** assemblée générale extraordinaire

a **fabric** *(!)* tissu, étoffe

face recto

facilities *(!)* installations

a **factory** usine

a **factory hand** ouvrier d'usine

failing faute de

to **fall / fell / fallen** arriver à échéance

fallacious [fə'leɪʃəs] **excuses, fallacious arguments** excuses, arguments fallacieux

to **fall behind** prendre du retard

a **farm hand** ouvrier agricole

a **fault** défaut, vice (de fabrication)

favour (as a ~) à titre gracieux

favour (in s.o.'s ~) en faveur de qqn

a **favour** faveur

favourable favorable

to **favour s.o., with an order** accorder à qqn la faveur d'une commande

a **fax, a facsimile** télécopie

a **fax machine** télécopieur

fear peur, crainte

to **feed / fed / fed** alimenter

to **feel / felt / felt let down** se sentir abandonné

a **feeling of rejection** sentiment d'être rejeté

a **feltpen, a felt tip** stylo feutre

female labour *(!)* main-d'œuvre féminine

fibreglass fibre de verre

fibres ['faɪbəʳz] fibres

a **field** champ, rubrique (base de données)

to **fight / fought / fought one's way on the top** se battre pour atteindre le sommet

a **figure** *(!)* ['fɪgəʳ] chiffre

figures *(!)* chiffres, statistiques

a **file**
1. fichier
2. dossier

a **filing cabinet** fichier, classeur (meuble)

to **fill a vacancy** *(!)* ['veɪkənsɪ] pourvoir un poste vacant

to **fill in / out a form** remplir un imprimé

to **fill in an application form** remplir un dossier de candidature

a **filling-station** station-essence

filmsetting photocomposition

final *(!)*
1. final
2. définitif

finally finalement, enfin

a **finance manager** directeur financier

findings conclusions

a **fine** [faɪn] amende

fined (to be ~) être condamné à payer une amende

to **fire** renvoyer, licencier

fire-proof réfractaire

a **firm** firme

first class mail courrier normal

the **first sector, the primary sector** secteur primaire

fiscal incentives mesures fiscales d'encouragement

fissionable fissile

fit apte

the **fitting-up** équipement, installation (d'une usine)

the **fittings**
1. appareil
2. accessoires

a **fixed term work contract** contrat de travail à durée déterminée

to **fix prices** établir, s'entendre sur les prix

a **flatfile database** gestion de fichiers

flexitime horaires variables

a **flip chart** tableau de conférence

a **floppy (disk)** disquette

a **flow chart** organigramme

a **folder** chemise, dossier

a **folding machine** plieuse

follows (as ~) comme suit

a **follow-up letter** lettre de relance

a **font** jeu, police de caractères

foodstuffs produits alimentaires

a **footer** pied de page

for and against votes pour ou contre une motion

force (to be in ~) *(!)* être en vigueur

a **form** *(!)* formulaire

formal officiel

a **foreman** contremaître

form feed saut de page

the **former... the latter...** le premier (mentionné)... le dernier (mentionné).

the **form of address** suscription

forms of address titres de politesse

forthcoming prochain, à venir

a **fortnight** quinzaine

fortnightly tous les quinze jours

the **forty-hour week** semaine de quarante heures

to **forward** faire suivre

a **fossil fuel** combustible fossile

a **foundry** fonderie

to **frank** affranchir

a **franking machine** machine à affranchir

frankly franchement, sincèrement

free libre (non occupé)

freephone «numéro vert»

fringe benefits avantages non intégrés au salaire

from dictation sous la dictée

fuel *(!)* [fjuːəl] carburant, combustible

fuel oil mazout

full (in ~) intégralement

full employment plein emploi

a **full-stop** point (final) (.)

fully complètement

a **fully-blocked layout** présentation d'une lettre compacte, «à l'américaine»

a **furnace** fourneau

to **further** favoriser, développer

further education formation continue

furthermore en outre, de plus

a **fuse** fusible

to **gain access, to get access** obtenir l'accès

gas gaz

gas(oline) ['gæsəli:n] *US*, **petrol** *GB (!)* essence

the **gas-bill** note de gaz

a **gas-guzzler** véhicule gourmand en carburant

a **gas main** conduite de gaz

a **gas pipeline** gazoduc

a **gas-works** usine à gaz

general delivery *GB*, **poste restante** *US* poste restante

a **general manager** directeur général

a **general manager's assistant** directeur général adjoint

a **general meeting** assemblée générale

the **general office** secrétariat général

a **general partner** associé gérant

a **general partnership** société en nom collectif

to **generate** produire (de l'électricité)

a **generator** générateur

geothermal energy énergie géothermique

to **get / got / got(ten** *US*) **into trouble** s'attirer des ennuis

to **get on in life** réussir dans la vie

to **get s.o. into trouble** causer des ennuis à qqn

to **get the boot, to get the kick, to get the sack** se faire renvoyer, se faire mettre à la porte

a **girder** poutre métallique

to **give / gave / given a message** faire une commission

to **give cause for** donner lieu à

to **give in one's notice** démissionner, donner son préavis

to **give s.o. the sack** renvoyer qqn, mettre qqn à la porte

to **give sth. favourable consideration** examiner qqch. de façon favorable

to **give up a job** abandonner un emploi

to **go / went / gone on the dole** émarger à l'ASSEDIC, à l'ANPE, toucher l'allocation chômage

to **go / went / gone to arbitration** recourir à l'arbitrage

to **go (out) on strike** se mettre en grève

the **going rate** taux en vigueur

to **go into operation** entrer en service

goodwill bonne volonté

a **go-slow strike** grève perlée

a **graduate** *(!)* diplômé

graphics graphisme

grateful reconnaissant

a **green number** «numéro vert»

a **grid** réseau de distribution

a **grievance** ['gri:vəns] grief, doléance

to **grind / ground / ground** [graɪnd] broyer

the **gross income** revenu brut

a **hacker**
1. passionné d'informatique
2. pirate

to **hammer** marteler

hand... on the other hand... (on (the) one ~) d'une part... d'autre part...

a **hanging-file** dossier suspendu

harassment harcèlement

a **hard disk** disque dur

hardware matériel

hard-working travailleur

to **have s.o. tried** faire passer qqn en jugement

to **have the floor** avoir la parole

a **hazard** *(!)* danger

hazardous *(!)* dangereux

a **header** en-tête

a **heading**
1. en-tête
2. rubrique

a **head of department** chef de service

a **head office** siège social

a **head storekeeper** chef magasinier

health [helθ] santé

health care surveillance médicale, soins médicaux

heat chaleur

to **heat** chauffer

herewith ['hɪərwɪð] ci-joint

to **hew / hewed / hewn or hewed** [hjuː] [hjuːd] [hjuːn]
1. tailler
2. abattre

a **hierarchy** ['haɪərɑːkɪ] hiérarchie

high tech(nology) haute technologie, technique de pointe

high-tension à haute tension

higher education enseignement supérieur

to **highlight** surligner, mettre en valeur

a **highlighter** surligneur

to **hire** ['haɪə^r] engager, embaucher

hit (to be ~) être touché, frappé (crise, chômage)

hold (to be on ~) rester en attente, ne pas quitter

to **hold / held / held the line** ne pas quitter, rester en attente (au téléphone)

a **holiday** jour férié

holiday(s) congé, vacances

a **holiday with pay** congés payés

a **homeworker** travailleur à domicile

a **horizontal combine** cartel horizontal, consortium

horizontal integration intégration horizontale

hourly horaire

to **hunt for a job** chercher un emploi

hydrocarbons ['haɪdrəʊ'kaːbənz] hydrocarbures

hydroelectric ['haɪdrəʊɪ'lektrɪk] hydroélectrique

a **hydro-electricity plant** centrale hydroélectrique

a **hyphen** ['haɪfən] trait d'union (-)

an **icon** ['aɪkɒn] icône, pictogramme

to **identify oneself** se présenter

an **identity tag** plaque d'identification

idle ['aɪdəl] oisif

idleness ['aɪdəlnɪs] oisiveté

an **implement** instrument

to **implement** mettre en œuvre

to **improve** améliorer

an **improvement** amélioration, perfectionnement

inaccurate inexact

inadequacy insuffisance

an **incentive** incitation, stimulant

an **incentive bonus** prime d'encouragement

incidental fait ou dit en passant (remarque, etc.)

incidentally entre parenthèses, à propos

an **incidental visitor** visiteur imprévu

inclusive of qui comprend

an **income** revenu

an **income bracket** tranche de revenus

an **incomes policy** politique des revenus

incoming mail courrier arrivée

to **incorporate** *(!)* se constituer (pour une société)

an **incorporation** *(!)* constitution de société

an **increase** augmentation

to **increase** augmenter, accroître

an **increment** augmentation

an **indentation** alinéa

an **indented paragraph** paragraphe en alinéa

to **index** répertorier

an **index,** *Pl* **indices** *(!)* ['ɪndɪsɪz]
1. indice
2. index
3. répertoire

an **index book** *(!)* répertoire

indexed indexé

an **index-file** classeur

index-linked indexé

indirect discrimination discrimination au second degré

to **induce to** inciter à, pousser à

industrial industriel

an **industrial accident** accident du travail

industrial action *(!)* action syndicale

industrial relations rapports sociaux, relations entre partenaires sociaux

industrial upheaval agitation ouvrière, sociale

industrious travailleur, actif

inequality inégalité

to **inform** informer

informal sans caractère officiel

information *indén.* des renseignements

an **information board, a notice board** panneau d'affichage

information processing traitement de l'information, informatique

information retrieval recherche de l'information

information technology technologies de l'information

an **ingot** lingot

to **initial** parapher

to **initialize** redémarrer, remettre à zéro

initials initiales

ink encre

an **inkjet printer** imprimante à jet d'encre

an **ink pad** tampon encreur

to **innovate** innover

input
1. apport
2. entrée (de données)

to **input / input / input** entrer, saisir (des informations)

to **inquire** [ɪn'kwaɪəʳ] se renseigner

an **inquiry** enquête, demande de renseignements

to **insert** insérer

the **inside address** adresse intérieure

to **insist on** insister sur, exiger

instant / inst. courant (après une date)

instead of au lieu de, à la place de

to **instruct** donner pour l'instruction de

an **instrument of trade** effet de commerce

insurance [ɪn'ʃʊərəns] assurance

an **integrated circuit** ['sɜːkɪt] circuit intégré

Integrated Services Digital Network, ISDN Réseau Numérique à Intégration de Services, RNIS («Numéris»)

to **intend** avoir l'intention de

intended for destiné à

interactive interactif

an **intercom** interphone

interested in (to be ~) s'intéresser à

an **interface** interface

International Direct Dialling, IDD appel international par l'automatique

an **international reply coupon** coupon-réponse international

an **interpreter** interprète

to **intimidate** intimider

intra vires ['ɪntrə'vaɪəriːz] qui est dans les attributions, statutaire

inverted commas (" ") guillemets (« »)

to **investigate** se livrer à une enquête

an **investigation** enquête, recherche

to **involve** impliquer, entraîner

inward mail courrier en provenance de l'étranger ou de la province

iron fer

an **iron field** bassin sidérurgique

an **irrevocable letter of credit** lettre de crédit irrévocable

an **issue** *(!)* ['ɪʃu:]
1. problème (sujet à controverse)
2. émission (bordereau, timbre, etc.)

italics italiques

an **item** article, élément (d'une liste)

a **jacket** *(!)* chemise (de dossier)

to **jeopardize** ['dʒepədaɪz] mettre en danger, porter préjudice, compromettre

a **job** emploi

a **job (to be out of ~), out of work** être sans emploi

a **Job Centre** *GB* agence de l'ANPE

job creation création d'emploi

job guarantee garantie de l'emploi

job-hunting recherche d'un emploi

jobless (to be ~) être sans emploi

the **jobless** *nom coll.* les sans-emploi

jobless benefits allocation de chômage

joblessness chômage

the **jobless rate** taux de chômage

the **job market** marché du travail

a **job opportunity** *(!)* débouché professionnel

a **job scheduler** ['ʃedjuləʳ] *GB*, ['skedjuləʳ] *US* programmeur de travaux

job security sécurité de l'emploi

to **join a union** adhérer à un syndicat

a **joint committee** commission paritaire

jointly and severally responsible conjointement et individuellement responsables

a **joint-stock company** société par actions, société de capitaux

a **joint venture** ['ventʃəʳ] entreprise conjointe, entreprise commune

junior *(!)*
1. qui a peu d'expérience
2. à un niveau inférieur dans la hiérarchie

a **junior** *(!)* **executive** jeune cadre

the **just-in-time system** flux-tendus, juste-à-temps

kerosene pétrole raffiné

a **key** touche

a **keyboard** clavier

a **keyboard operator** claviste, opérateur de saisie

to **key in data** saisir des données

kindly answer veuillez répondre

know-how savoir-faire

knowledgeable ['nɒlɪdʒəbl] qui a des connaissances, «calé»

a **lab(oratory)** labo(ratoire)

a **label** étiquette

labor *US*
1. cf. labour
2. syndical

a **Labor Court** *US* tribunal des prud'hommes

a **labor union** *US* syndicat

labour *(!)* ['leɪbəʳ]
1. travail
2. main-d'œuvre
3. monde du travail

a **labour dispute** conflit du travail

a **labourer** *(!)* ['leɪbərəʳ]
1. manœuvre
2. ouvrier agricole

the **Labour Exchange** Bourse du Travail

the **labour force** main-d'œuvre (les travailleurs)

the **Labour Law** *GB* législation, droit du travail

the **labour market** marché du travail

a **labour strife** conflit du travail

labour troubles troubles sociaux

labour unrest malaise, agitation sociale

a **ladder position** poste tremplin

to **lag (behind)** être en retard

landscape printing option d'impression «à l'italienne»

a **laptop (computer)** ordinateur portatif

a **laser printer** imprimante laser

late (of ~) ces derniers temps

lately récemment

later than(no ~) dernier délai

the **latest (at ~)** au plus tard

the **latter** le dernier (mentionné)

to **launch** [lɔntʃ] lancer (un programme)

the **launching** lancement

the **law** loi

a **lawyer** ['lɔ:jə^r]
1. homme de loi
2. avocat
3. juriste

to **lay / laid / laid** poser

a **layer** couche

to **lay off** licencier pour raisons économiques

a **lay-off** licenciement pour raisons économiques

the **layout** mise en page, disposition, présentation

an **LBO, Leveraged Buy-Out** rachat d'entreprise par les salariés avec effet de levier, RES

lead [led] plomb

to **lease** prendre en location-bail

leasing location-bail

least (at ~) [ət'li:st] au moins

leave congé

to **leave / left / left the chair** lever la séance

a **leave of absence** absence autorisée

the **legal department** service du contentieux

to **let / let / let s.o. know** tenir qqn au courant

a **letter box** *GB*, **a mail box** *US* boîte aux lettres

the **letterhead** en-tête

a **letter of credit, l/c** lettre de crédit

liability [ˌlaɪə'bɪlɪtɪ] responsabilité

to **lift the blockade** [blɒ'keɪd] lever le blocus

a **lightning strike** grève surprise

a **light pen** crayon optique

a **limited company** société anonyme

a **limited partnership** société en commandite

a **line chart** courbe

line feed saut de ligne

a **line graph** graphique en courbe

linen toile de lin

a **liquidator** liquidateur, syndic

to **list** établir une liste

a **listing** listage

literacy *(!)* maîtrise de la lecture et de l'écriture

literate *(!)* qui sait lire et écrire

literature *(!)* documentation

the **livelihood** moyens d'existence

an **LMBO, Leveraged Management Buy-Out** rachat d'entreprise par les cadres avec effet de levier, RECEL

to **load** charger (en mémoire, etc.)

a **load module** ['mɒdju:l] module (logiciel) chargeable

a **lockout** fermeture d'entreprise à l'initiative de la direction, en réponse à une grève

to **lodge a complaint** porter plainte, déposer une plainte

to **look for trouble** chercher des ennuis

to **look forward to (+ing)** attendre avec impatience, se faire une joie de

to **look up** chercher (dans un répertoire, un dictionnaire, etc.)

to **look up a number** chercher un numéro

a **loom** métier à tisser

a **lorry** *GB*, **a truck** *US* camion

to **lose / lost / lost one's job** perdre son emploi

a **loser** perdant

a **lower case letter** lettre minuscule

low*(-sulphur)* à faible teneur (en soufre, etc.)

lubrication lubrification, graissage

a **lump sum settlement** règlement forfaitaire

the **lunch break** pause de midi

a **luncheon voucher** ['vaʊtʃə'] ticket restaurant, chèque repas

a **machine** machine

machinery
1. équipement, outillage
2. machines

a **magnetic identification card** carte d'identité magnétique

a **magnetic tape** bande, ruban magnétique

mail courrier, correspondance

a **mail box** *US*, **a letter box** *GB* boîte aux lettres

mailing routage

a **mailing list** publipostage, mailing *(faux anglicisme)*

a **mainframe (computer)** (mini-) ordinateur, ordinateur central

mainly surtout

to **maintain** entretenir

maintenance entretien

the **maintenance department** service de l'entretien

a **majority report** rapport, procès-verbal approuvé à la majorité

the **maker** souscripteur (d'un billet à ordre)

to **make sure** s'assurer

to **make up for sth.** compenser, rattraper qqch.

male chauvinism ['ʃəʊvɪnɪzəm] sexisme, phallocratie

a **male chauvinist** ['ʃəʊvɪnɪst] sexiste, phallocrate

the **male-dominated sphere** secteurs réservés aux hommes

management
1. direction
2. gestion

a **management consultant** conseiller en gestion

a **manager**
1. directeur, dirigeant d'entreprise
2. gérant

a **managing director** *GB*, **a president** *US* directeur, président-directeur général

mandatory obligatoire

to **manoeuvre** *GB*, **maneuvre** *US* [mə'nu:və^r] manœuvrer (intriguer)

manpower main-d'œuvre

manufacture fabrication

to **manufacture** fabriquer

a **manufacturer** constructeur

a **march** *(!)* défilé

a **margin** marge

a **marker** marqueur (feutre)

the **marketing manager** directeur commercial, directeur du marketing

to **mass-produce** produire en masse

mass production production de masse

a **material** *(!)*
1. matériau
2. tissu

materials *(!)* matières (combustibles, fissiles, etc.)

maternity leave congé de maternité

matters arising questions soulevées

a **means**, *Pl* **means** moyen

meantime (in the ~) entretemps

to **measure** mesurer

a **mechanic** mécanicien

mechanical mécanique

mechanical engineering (construction) mécanique

a **mechanism** mécanisme

to **meet / met / met a demand** satisfaire des revendications

to **melt** fondre

the **melting point** point de fusion

a **member** membre

a **Memorandum of Association, M/A** statuts d'une société

a **mental handicap** handicap mental

the **mentally handicapped** *nom coll.* les handicapés mentaux

a **mention** mention faite de qqch.

to **mention** mentionner, faire état de

the **merchant navy, the merchant fleet** marine marchande, marine de commerce

to **merge** fusionner
1. entreprises
2. fichiers

a **merger** fusion (d'entreprises)

the **merit system** régime du mérite

Messrs ['mesəz] MM., Messieurs

methane ['mi:θeɪn] méthane

a **methane tanker** méthanier

a **micro-computer** ['maɪkrəʊkəm'pju:təʳ] micro-ordinateur

a **microfiche** ['maɪkrəʊfi:ʃ] microfiche

a **microfilm** ['maɪkrəʊfɪlm] microfilm

a **microform reader** ['maɪkrəʊfɔ:m] lecteur de microfiches

a **microprocessor** ['maɪkrəʊ'prəʊsesəʳ] microprocesseur

a **middle manager** cadre moyen

a **mill**
1. moulin
2. usine
3. fabrique (textile, papier)

a **mine** mine

to **mine for** exploiter (le charbon)

a **miner** mineur

the **minimum living wage** salaire minimum vital

minor secondaire, de peu d'importance

a **minority report** rapport, procès-verbal approuvé par une minorité

the **minute book** registre des procès-verbaux, des délibérations

the **minutes** procès-verbal

the **minutes secretary** secrétaire de séance

to **misunderstand / misunderstood / misunderstood** mal comprendre, mal interpréter

a **misunderstanding** malentendu

mobility mobilité

a **modem (MOdulator-DEModulator)** ['məʊdəm] modem (modulateur-démodulateur)

molten en fusion

a **money order** mandat

a **monitor** moniteur, écran de contrôle

to **monitor** contrôle, surveiller

a **monopoly** monopole

monthly mensuel

to **moonlight** travailler au noir

a **moratorium** moratoire

moreover en outre, de plus

a **motion** motion, proposition

a **motion of no confidence** motion de défiance

a **mould** [məʊld] moule (métallurgie)

a **mouse** souris

a **mouse pad** tapis à souris

to **move a resolution** proposer une motion, déposer une résolution

a **moving belt** tapis roulant

a **multi-function workstation** poste de travail multifonction

a **multinational** multinationale

multiprocessing multitraitement

the **mute key** touche «secret»

the **mute position** position «secret»

a **nail** clou

nem. con., nemine contradicente *(latin)* à l'unanimité, sans opposition

nem. diss., nemine dissidente *(latin)* à l'unanimité, sans opposition

the **net income** revenu net

a **network** réseau

the **night shift** équipe de nuit

non-ferrous metals métal non ferreux

non-profit (-making) à but non lucratif

the **North Sea bed** sous-sol de la mer du Nord

North Sea Oil, NSO pétrole de la mer du Nord

a **notary public** notaire

a **note** note, mémorandum

to **note** noter, prendre note

a **note-pad** bloc-notes

a **notice** avis (message)

a **notice of dismissal** préavis de licenciement

a **notice of meeting** convocation à une réunion

a **notice of transfer** avis de virement

a **notice period** délai de préavis

nuclear energy, nuclear power énergie nucléaire

a **nuclear plant, a nuke** [nju:k] *fam.* centrale nucléaire

a **nuclear (power) station** centrale nucléaire

numeracy maîtrise de calcul

numerate qui sait calculer, à l'aise avec les chiffres

a **nursery** crèche, garderie

a **nut** écrou

nylon nylon

to **object to sth. or s.o.** élever des objections contre qqch. ou qqn

obliged to s.o. for sth. (to be ~) être obligé, reconnaissant à qqn de qqch.

an **oblique** *GB*, **a slash** *US* barre oblique (/)

an **observer** observateur

obsolete obsolète, désuet

obviously de toute évidence

occasionally de temps à autre

an **occupation** métier

occupational professionnel

an **occupational disease** maladie professionnelle

an **occupational hazard** *(!)* risque du métier

to **offer apologies** présenter des excuses

office automation, OA bureautique

office hours horaires de bureau

the **office manager** chef de bureau

an **office worker** employé de bureau

an **officer** *(!)* préposé, responsable

an **official strike** *(!)* grève organisée

off-line autonome

off-loading terminals terminaux de déchargement

to **offset / offset / offset** compenser, contrebalancer

offshore en mer, au large

oil *(!)*
1. pétrole
2. huile (de moteur, etc.)

the **oil bill** facture pétrolière

an **oil-burning / an oil-fired (power) station** centrale thermique alimentée au mazout

an **oil-field** gisement pétrolier

oil shale [ʃeɪl] schistes bitumineux

an **omission** omission

to **omit** omettre

on-line en ligne

an **open-cast mine** mine à ciel ouvert

an **open shop** entreprise qui embauche des travailleurs syndiqués ou non

to **operate** faire fonctionner

an **operating system, OS** système d'exploitation

operation (in ~) en fonctionnement

operation (to go into ~) entrer en service

an **operative** *US*, **a worker** *GB* ouvrier (en part. sur une machine)

an **operator** standardiste

opinion (in my ~) à mon avis

an **opportunity** *(!)*
1. occasion
2. débouché

an **Optical Character Reader, OCR** lecteur optique

Optical Character Recognition, OCR Reconnaissance Optique des Caractères, ROC

an **optical fibre** fibre optique

optional facultatif

order (out of ~) en panne, hors service

ore minerai

an **organisation chart** organigramme

organised labour *(!)* main-d'œuvre syndiquée

outdated démodé, dépassé

outgoing mail courrier départ

to **outline** esquisser, donner un aperçu de

the **output**
1. production, rendement
2. sortie de données

to **output / output / output** sortir des données

output per hour worked productivité par heure travaillée

output per man-hour productivité par homme-heure

the **outset** début

outward mail courrier en partance pour l'étranger ou la province

to **overhaul** ['əʊvəhɔːl] réviser, mettre en état (machine, moteur, etc.)

an **overhead projector, OHP** rétroprojecteur

overleaf au verso

the **overseer** chef d'atelier, contremaître

overstaffed en sureffectifs

overstaffing excédent de personnel

to **overtake / overtook / overtaken** dépasser

overtime heures supplémentaires

overtime (to do ~) faire des heures supplémentaires

owing to en raison de

P

a **pace** cadence

a **package**
1. ensemble de mesures
2. lot, conditionnement

a **page break** saut de page

a **paging machine** appareil de télécommunication mobile (type «Alphapage»)

paid leave congés payés

a **pamphlet** prospectus, notice

a **paper clip** trombone

paper feed alimentation papier

a **paper weight** presse-papiers

a **paragraph**
1. paragraphe
2. alinéa

a **parcel** colis

parental leave congé parental

a **parenthesis,** *Pl* **parentheses** [pəˈrenθɪsɪs, –siːz] parenthèses

a **part** pièce

the **particulars** *(!)* détails

a **partition** cloison

a **partner** partenaire, associé

a **partnership** association, société en nom collectif ; société de personnes

a **part-time job** emploi à temps partiel

to **pass** *(!)* **a Bill** voter une loi

to **pass on a message** transmettre un message

a **password** mot de passe

a **patent** brevet

a **patent application** demande de brevet

paternity leave congé de paternité

a **patronizing attitude** condescendance, paternalisme

pause dots points de suspension (...)

pay restraint encadrement des salaires

the **payee** [peɪ'iː] bénéficiaire

payment at sight paiement à vue

the **payroll**
1. registre des employés
2. masse salariale (de l'entreprise)

the **payroll (to be on ~)** faire partie du personnel

a **pay slip** bulletin de salaire

peat tourbe

a **penalty** sanction pénale

a **pencil** crayon

a **pension** *(!)*
1. retraite
2. pension

a **pension scheme** *(!)* [skiːm] caisse de retraite

to **pension s.o. off** mettre qqn à la retraite

per annum, p.a. par an

to **perfect** perfectionner

to **perform a task** effectuer une tâche

a **period (.)** *US*, **a full stop** *GB* point final (.)

a **peripheral** périphérique

perks abréviation de **perquisites** avantages divers

perquisites ['pɜːkwɪzɪts] avantages divers

a **personal assistant, PA** assistant(e), secrétaire particulier (ère), de direction

a **personal computer, PC** ordinateur individuel

a **Personal History** curriculum vitae, CV

the **personnel department** service du personnel

the **personnel manager** directeur du personnel

the **petrochemical industry** industrie pétrochimique

petrol *GB*, **gas(oline)** *US* essence

petroleum pétrole brut

petty cash petite caisse

phone (to be on the ~) avoir le téléphone, être dans l'annuaire

a **photocopier** photocopieuse

a **phrase** *(!)* expression

to **picket** faire le piquet de grève

a **picket-line** piquet de grève

a **picturephone** visiophone

a **pie chart** [paɪ] graphique à secteurs, «camembert»

a **piece of craftsmanship** ouvrage de haute qualité

a **pig-bed** moule (pour gueuse)

pig iron [aɪən] gueuse de fer / de fonte

a **pillar box** *GB*, **a mail box** *US* boîte aux lettres

a **pipe** *(!)* [paɪp] tuyau

a **pipeline, an oil pipeline** ['paɪplaɪn] oléoduc

pirating piratage, copie illégale

a **pit** puits (de mine)

the **place of issue** lieu d'émission

a **plaintiff** plaignant

a **plan** projet, plan

to **plan** projeter, se proposer de

a **planner** tableau

planning planification

a **plant** *(!)*
1. centrale (électrique, nucléaire)
2. usine

plastic plastique

a **plate** plaque métallique, tôle

plated plaqué or, etc.)

a **PLC, Public Limited Company** société anonyme

pleased to heureux de

a **plug** fiche électrique mâle

a **pocket calculator** calculatrice de poche

a **pointer** curseur

a **point of (to make ~), to make it a point to** se faire un devoir de

to **point out** faire remarquer

the **point scale** échelle de notation

points of suspension points de suspension

a **polytechnic** *GB (!)* IUT

a **pool**
1. groupe de travail
2. fonds commun
3. syndicat de placement (de marchandises)

poor
1. pauvre
2. de mauvaise qualité, médiocre

porous poreux

portrait printing option d'impression «à la française»

a **position** *(!)* situation, poste

a **position to (in ~)** en mesure de

to **post** mettre à la poste

postage affranchissement

postal rates tarifs postaux

a **postal scale** pèse-lettres

a **post(al) code** *GB*, **zip code** *US* code postal

poste restante *US*, **general delivery** *GB* poste restante

a **postman** facteur, préposé

a **postmaster** receveur des postes

the **Postmaster General** *GB* ministre des Postes et Télécommunications

to **postpone** remettre à plus tard

a **postponement** ajournement

potash potasse

to **pour** verser

power *(!)*
1. force
2. énergie
3. courant électrique

power-driven électrique

a **power-station** centrale électrique

the **power supply** courant, alimentation électrique

pregnancy leave congé de maternité

premises ['premɪsɪz] *Pl (!)* locaux, lieux (bâtiments et terrains)

a **premium pay** ['priːmɪəm] salaire supplémentaire

present (at ~) en ce moment

preserves *(!)* conserves

to **preside over a meeting** présider une réunion

the **president** président

a **president** *US*, **(chairman &) managing director** *GB* président-directeur général, PDG

to **press** presser, emboutir

to **press a claim** formuler une revendication

a **press-button phone** téléphone à touches

to **press demands** formuler des exigences

pressure *indén.* ['preʃəʳ] pression, tension

Prestel *GB* système videotex britannique, équivaut au «Minitel»

the **primary sector, the first sector** secteur primaire

to **print** imprimer

printed matter imprimés

a **printer** imprimante

a **printout** sortie imprimante

a **Private Automatic Branch Exchange, PABX** standard téléphonique

a **Private Branch Exchange, PBX** standard téléphonique

a **private (limited) company** société à responsabilité limitée

to **privatise** ['praɪvətaɪz] privatiser

a **prize** [praɪz] prix (récompense)

a **probation** période d'essai, stage

on **probation** à l'essai

a **probationer** stagiaire

a **process** processus, procédé

to **process** traiter

processing traitement

processing industries industries de transformation

to **produce** produire

a **product** produit

a **production line** chaîne de production

the **production manager** chef de fabrication, directeur de production

productivity productivité, rendement

a **profession** *(!)* profession (en particulier libérale)

a **professional** *(!)*
1. professionnel
2. membre d'une profession libérale

the **professional background** formation et expérience professionnelles

profit sharing participation aux bénéfices, intéressement des salariés

a **program** *US*, **a programme** *GB* programme

progress *indén.* progrès

a **promise** ['prɒmɪs] promesse

to **promise** promettre

a **promissory note, p/n** billet à ordre

to **promote** donner de l'avancement

promoted (to be ~) recevoir de l'avancement, être promu

promotion avancement, promotion

a **prompt** indicatif, témoin de position

prompt cash comptant d'usage

proportion to (in ~) proportionnellement à

proposals propositions

a **proposer** personne qui présente une motion ou parraine un candidat

a **proposition** proposition

prosecuted (to be ~) être poursuivi (en justice)

to **prospect for** rechercher (du pétrole, etc.)

prospects perspectives

a **protest** prôtet

a **protest strike** grève de protestation

to **prove to be** se révéler être, s'avérer

the **provisions of a contract** *(!)* dispositions d'un contrat

proxy (by ~) par procuration

a **proxy**
1. procuration
2. mandataire

a **public (limited) company** société anonyme

a **public officer** *US*, **a civil servant** *GB* fonctionnaire

public works travaux publics

a **pump-storage station** centrale d'appoint

a **punch(ed) card** carte perforée

punctual ponctuel, exact

punctuation ponctuation

the **purchasing department** service de l'approvisionnement, service des achats

the **purchasing manager** chef des achats, directeur commercial

the **purchasing power** *(!)* pouvoir d'achat

purpose (for this ~) à cet effet

purpose (on ~) à dessein

to **push oneself forward** se mettre en avant, faire de l'arrivisme

to **put / put / put s.o. through** mettre en communication, passer qqn

to **put the blame for sth. on s.o.** reprocher à qqn, rendre qqn responsable de qqch.

to **put the emphasis on** mettre l'accent sur

a **quarry** carrière (d'extraction)

question (in ~) en question, dont il est question

a **question mark** point d'interrogation

to **quit / quit / quit** démissionner

the **quorum** ['kwɔrəm] quorum

a **quota** ['kwəʊtə] quota

a **quotation** cotation, cours

quotation marks (" ") guillemets (« »)

to **quote** citer, rappeler

racial discrimination [reɪʃəl] discrimination raciale

racial prejudice *(!)* ['predʒʊdɪs] racisme

a **rack** classeur (pour les lettres)

to **radiopage** appeler par radio

a **radiopaging system** appareil de télécommunication mobile (type «Alphapage»)

a **radiophone** radio-téléphone

a **radio wave** onde radio (hertzienne)

rage colère

railroad *US*, **railway** *GB* chemin de fer

railway *GB*, **railroad** *US* chemin de fer

to **raise** [reɪz] élever, accroître

to **raise a complaint** porter plainte, déposer une plainte

to **raise a strong protest** élever des protestations énergiques

a **rally** *(!)* ['rælɪ] rassemblement

RAM, Random Access Memory mémoire vive

to **range between** *(!)* évoluer dans une fourchette de

the **rank and file** base (ouvrière)

a **rash of strikes** vague de grèves

a **rate** taux

rating notation

a **ratio** ['reɪʃɪəʊ] rapport (proportion)

Re [ri:] à propos de, objet (d'une lettre)

to **reach an agreement** aboutir à un accord

a **reactor**
1. réacteur
2. pile atomique

a **ream** [ri:m] rame de papier

to **receive a report** *(!)* accepter, adopter un rapport

a **receiver** combiné

the **reception (desk)** réception

a **receptionist** réceptionniste

recognition reconnaissance (des mérites, etc.)

record (off ~)
1. officieux
2. officieusement

to **record** enregistrer

a **record** enregistrement, fiche (base de données)

the **record department** service des archives

to **recruit** [rɪ'kru:t] recruter

recruitment [rɪ'kru:tment] recrutement

red tape paperasserie

reduction réduction (d'un document, etc.)

a **redundancy** licenciement économique

redundancy pay(ment), severance pay indemnité, prime de licenciement

redundant licencié pour raisons économiques

a **referee** [ˌrefə'ri:] personne qui se porte garante

a **reference** référence

referring to se rapportant à, à propos de

to **refine** raffiner

a **refinery** raffinerie

a **refining centre** centre de raffinage

regarding en ce qui concerne

regards (with best ~) avec mes respects

to **register** enregistrer, immatriculer

a **registered letter** lettre recommandée

a **registered letter** lettre recommandée

a **registered office** siège social

the **Registrar of Companies** registre des sociétés

a **regulation** *(!)* règlement, réglementation

to **rehabilitate** *(!)*
1. réhabiliter
2. rééduquer

rehabilitation réhabilitation

a **relationship** rapport, relation (personnelle)

relaxed détendu

released pending trial (to be ~) être libéré, en attente de jugement

reliable [rɪ'laɪəbl] sûr, fiable

reluctance réticence

reluctant réticent

to **rely on** compter sur, dépendre de

a **reminder** rappel, avis de rappel

remote control télécommande

remote playback interrogation à distance (d'un répondeur)

renewable [rɪ'nju:əbl] renouvelable

to **rent** louer

to **reorder sth.** faire une nouvelle commande de qqch.

a **repair** réparation

to **repair** réparer

to **replace** remplacer

to **replace the receiver** raccrocher (le combiné)

reply to (in ~) en réponse à

to **reply to** répondre à

a **representative** représentant

to **reprocess** retraiter

a **request** demande

the request of (at ~) à la demande de

to **request** demander, inviter

requirements besoins (énergétiques, etc.)

the **requisites** ['rekwɪzɪts] conditions requises

research recherche

Research and Development, R & D service d'études et de recherches

a **researcher** chercheur

to **research into sth.** étudier qqch.

to **reserve the right** se réserver le droit

to **reset / reset / reset** redémarrer, initialiser (un ordinateur)

a **resettlement** réaffectation

to **resign** *(!)* démissionner

a **resignation** *(!)* démission

a **resolution** motion

to **resolve a dispute** résoudre un conflit

to **resort to force** avoir recours à la force

resources ressources

respect (in this ~) à cet égard

to **retire** *(!)* [rɪ'taɪə^r] partir à la retraite

to **retire s.o.** *(!)* mettre qqn à la retraite

retired (to be ~) *(!)* être retraité

retirement retraite (situation)

retirement age âge de la retraite

to **retrain** se recycler

retraining recyclage

to **retrieve information** extraire, collecter des informations

a **returned letter** lettre renvoyée

return of post (by ~) par retour de courrier

to **reverse charges** appeler en PCV

a **reward** récompense

to **reward** récompenser

a **résumé** *(!)* curriculum vitæ

a **ribbon** ruban (de machine à écrire)

a **rider** annexe, papillon (d'un document)

a **rig** plate-forme (de forage), derrick

a **right** droit

a **right of reply** droit de réponse

to **ring / rang / rung off** raccrocher (le téléphone)

to **ring s.o. back** rappeler qqn (au téléphone)

a **riot** ['raɪət] émeute

the **riot police** police anti-émeute

a **rise** augmentation

to **rise / rose / risen** s'élever, monter

a **roadblock** barrage routier

rock-salt sel gemme

a **rolling mill** laminoir

ROM, Read-Only Memory mémoire morte

to **rotate** tourner

a **round of talks** série de négociations

a **round-table discussion** table ronde (négociation)

a **rubber** gomme

a **rubber stamp** tampon en caoutchouc

rude impoli, grossier

a **rule** règlement

to **run / ran / run** *(!)* faire fonctionner

to **run a programme** faire tourner un programme

to **run out** s'épuiser (ressources)

to **run out of sth.** venir à manquer de qqch.

S

to **sack** mettre à la porte

sae, self-addressed envelope enveloppe au nom de l'expéditeur

a **safe** coffre

safe custody (in ~) en lieu sûr

safely sans encombres

safety sécurité

sake (for s.o.'s ~) dans l'intérêt de qqn

a **salaried employee** [ɪmplɔɪ'iː] salarié

salary salaire (pour les non-manuels)

a **sales clerk** *US*, **a salesperson** *GB* vendeur, vendeuse

the **sales department** service des ventes

a **sales executive** directeur, cadre commercial

the **sales manager** directeur des ventes

a **salesperson** *GB*, **sales clerk** *US* vendeur, vendeuse

a **sales representative** attaché, délégué commercial, représentant de commerce, VRP

salutation appellation (épistolaire)

to **sap s.o.'s morale** saper le moral de qqn

sase, self-addressed stamped envelope enveloppe affranchie au nom de l'expéditeur

to **save** *(!)* économiser, sauvegarder

savings économies (d'énergie, etc.)

a **scab** «jaune», briseur de grève

a **scanner** numériseur

a **scapegoat** bouc émissaire

scarce rare

scarcity rareté

a **schedule** ['ʃedjuːl] *GB*, ['skedjuːl] *US* plan horaire

a **scientist** savant

a **scourge** [skɜːdʒ] fléau

to **screen** sélectionner, présélectionner

a **screen** écran

to **scroll** faire défiler (du texte)

sea-salt sel marin

to **seal** cacheter

a **seam** veine, filon

search and replace recherche et remplacement

to **search for a job** chercher un emploi

seasonal ['siːzənl] saisonnier

secondary picketing piquet de grève devant une autre entreprise, par solidarité

the **seconder** deuxième parrain (d'un candidat, d'une motion)

second class mail courrier à tarif réduit

a **secondment** détachement

a **second-rate citizen** citoyen de seconde zone

the **second sector, the secondary sector** secteur secondaire

a **secret ballot** vote à bulletin secret
secure sûr (système)
a **security badge** plaque de sécurité
a **security code** code de sécurité
the **security department, the security police** service de sécurité
a **self-addressed envelope** enveloppe au nom de l'expéditeur
self-confidence confiance en soi
self-confident sûr de soi
self-employed (to be ~) être à son compte
the **self-employed** *nom coll.* les travailleurs indépendants
self-esteem respect de soi-même
self-sufficiency [–sə'fɪʃənsɪ] autosuffisance
self-sufficient (to be ~) [–sə'fɪʃənt] être autosuffisant
to **sell / sold / sold off sth.** se défaire de qqch.
Sellotape «Scotch», ruban adhésif
a **semi-blocked layout** présentation d'une lettre avec alinéas, «à la française»
a **semicolon** point-virgule (;)
a **semi-skilled worker** ouvrier spécialisé
the **sender** expéditeur
senior *(!)*
1. qui a de l'expérience
2. qui a un poste élevé
a **senior executive, a senior manager** cadre supérieur, dirigeant
seniority ancienneté
a **serial port** ['sɪərɪəl] port série
a **server** serveur
the **services** services
to **set / set / set up a company** créer une société
the **setting-up**
1. installation, mise en place
2. configuration
to **settle a dispute** régler un conflit
to **set up** configurer
to **set up in business** se lancer dans les affaires
severance pay indemnité, prime de licenciement
sex discrimination, sexism sexisme, discrimination sexuelle
a **shaft** puits (de mine)
to **share in the profits** participer aux bénéfices
a **shareholder** *GB*, **a stockholder** *US* actionnaire
a **sharpener** taille-crayons
a **sheet**
1. feuille (de papier)
2. tôle
shelves rayonnages
a **shift** équipe, relais
a **ship** navire
shipbuilding construction navale
the **shipping department** service des expéditions
a **shipyard** chantier de construction navale
shoddy de mauvaise qualité, médiocre
a **shop** *(!)* atelier
the **shop-floor** base (ouvrière)
a **shop-steward** [–'stjuːəd] délégué syndical (d'atelier)
a **shortage** pénurie
shorter hours horaire réduit
shorthand sténographie
a **shorthand typist** sténo-dactylo
shortly prochainement, sous peu
short notice (at ~) dans un court délai, à court terme
a **short week** semaine réduite
a **shredding machine, a shredder** destructeur de documents, lacéreuse
a **shutdown** fermeture définitive (usine, théâtre, etc.)
sickness maladie
sick pay, sick benefit prestation maladie
to **side with s.o.** se ranger du côté de qqn
a **sign** *(!)* pancarte
to **sign** signer

a **signature** ['sɪgnətʃəʳ] signature

to **sign on the dole** émarger à l'ASSEDIC, à l'ANPE, toucher l'allocation chômage

a **silent partner, a sleeping partner** commanditaire, bailleur de fonds

silicon silicium

silk soie

sine die sine die

a **sit-down strike** grève sur le tas

situations vacant offres d'emploi (rubrique)

a **size** corps (d'une police de caractères)

skilful adroit

a **skill**
1. savoir-faire
2. compétence
3. qualification

a **skilled worker** ouvrier qualifié, spécialisé, professionnel

a **slash** *US*, **an oblique** *GB* barre oblique (/)

slate ardoise

sleepers traverses de chemin de fer

a **slide** diapositive

a **slide projector** projecteur de diapositives

slightly légèrement

to **slow down** ralentir

a **slowdown** ralentissement, baisse

a **slow-down strike** grève perlée

a **small letter** lettre minuscule

to **smelt** fondre (un métal)

a **society** *(!)* [sə'saɪətɪ] association à but non lucratif

a **socket** prise électrique femelle

software logiciel(s)

solar energy, solar power énergie solaire

a **sole trader** commerçant indépendant

a **solicitor** *GB (!)*
1. notaire *(approximatif)*
2. avoué

sophisticated *(!)*
1. évolué
2. raffiné
3. complexe

to **sort** trier

a **sorting office** bureau de tri

spare parts pièces détachées

to **speak / spoke / spoken from the Chair** parler en tant que président

"speaking..." «à l'appareil...»

a **specification** caractéristique (technique)

a **spellchecker** vérificateur orthographique

spelling orthographe

to **spin / span / spun** filer

a **spinning mill** filature

spite of (in ~) malgré

to **split / split / split** fendre

a **spooler** mémoire-tampon

a **spreadsheet** ['spredʃi:t] tableur

square brackets crochets [ ]

a **stack** cheminée d'usine

the **staff** personnel
to be on the staff faire partie du personnel

the **staff manager** chef du personnel, directeur des ressources humaines, DRH

to **stage a demonstration** organiser une manifestation

a **stamp**
1. timbre
2. tampon
3. estampille

to **stamp** emboutir (en métallurgie)

to **stamp a letter** affranchir une lettre

a **stamped addressed envelope** enveloppe timbrée pour la réponse au nom de l'expéditeur

stamping emboutissage

a **stamping machine** machine à affranchir

a **stamp pad** tampon encreur

a **standard** norme

the **standard of living** niveau de vie

standing orders ordres de prélèvements

to **staple** agrafer

a **stapler** agrafeuse

to **state** faire état de, décliner (nom, qualités)

the **state of the art** état de la technique

a **state-owned company** société d'état, nationalisée

a **statement** déclaration

static electricity électricité statique

stationery fournitures de bureau, papeterie

statistics statistiques

the **statistics department** service statistique, service du budget

a **stay-in strike** grève avec occupation des locaux

steady stable, régulier

steam vapeur

a **steam–engine** machine à vapeur

steel acier

a **steel furnace** four à acier

steelworks, a steel-mill aciérie, usine sidérurgique

a **stencil** stencil

to **step up production** accroître la production

sticky tape ruban adhésif

a **stockholder** *US*, **a shareholder** *GB* actionnaire

a **stock-option scheme** participation sous forme d'actions

stockpiles réserves (constituées)

a **stop** point (.)

to **stop a cheque** faire opposition à un chèque

a **storage unit** unité de stockage

to **store** entreposer, stocker

strain fatigue, tension

stratified stratifié

to **streamline** réduire les effectifs, «dégraisser»

stress fatigue, tension

a **strike**
1. grève
2. découverte (filon, or, etc.)

to **strike / struck / struck** faire la grève

a **strike action** mouvement de grève

strike benefits indemnités payées aux grévistes

a **strike breaker** briseur de grève

a **strike committee** comité de grève

strike funds caisse de grève

strike pay indemnités payées aux grévistes

a **strike picket** piquet de grève

a **striker** gréviste

to **struggle to the top** se battre pour atteindre le sommet

a **style** attribut (d'une police de caractères)

the **style of a firm** *GB* raison sociale d'une entreprise

a **sub-committee** [–kə'mɪtɪ] sous-comité

a **subcontractor** sous-traitant

a **subject** *(!)* matière (d'enseignement)

subject to mercantile laws soumis aux lois du commerce

a **subscriber** abonné

Subscriber Trunk Dialling, STD automatique interurbain

a **subscription** abonnement
to subscribe s'abonner
a subscriber abonné

a **subsidiary** filiale

to **subsidise** subventionner

a **substitute** produit de remplacement

to **substitute for** substituer à

to **sue s.o. at law** [su:] intenter un procès à qqn

to **sue s.o. for damages** poursuivre qqn en dommages et intérêts

to **suffer insults** subir des insultes

to **suggest** suggérer, proposer

a **suggestion** suggestion

to **suit** [su:t] convenir

suitable ['su:təbl] qui convient, convenable

a **sunrise industry** *US* industrie montante

a **sunset industry** *US* industrie en déclin

a **supplier** fournisseur

supplies
1. approvisionnement
2. réserves (énergie, etc.)

to **supply** *(!)* fournir, alimenter, approvisionner

the **supply department** service du matériel, service fournisseur

to **support the Chair** se ranger à l'avis du président de séance

support tools outils d'aide

surface mail courrier ordinaire, par vois terrestre

surprised at (to be ~) être surpris de

a **survey** étude, enquête

a **switch**
1. interrupteur
2. connecteur

a **switchboard** standard téléphonique

a **switchboard operator** standardiste

a **swivel chair** chaise tournante

a **sympathy strike** grève de solidarité

a **synthesis,** *Pl* **syntheses** [sɪnθəsɪs, –si:z] synthèse

to **synthesize** synthétiser ['sɪnθəsaɪz]

a **tab** taquet de tabulation

to **table a motion** présenter une motion

a **tabulator** machine à cartes perforées

to **take / took / taken a message** prendre un message, une communication

to **take down** prendre en note

the **take-home pay** salaire net

to **take in shorthand** prendre en sténo

to **take into consideration** tenir compte de

to **take on s.o.** embaucher, engager qqn

a **takeover** prise de contrôle, rachat

to **take over** racheter, reprendre, prendre le contrôle, remplacer

a **takeover bid** Offre Publique d'Achat, OPA

to **take sth. to pieces** démonter qqch.

to **take the floor** prendre la parole

to **take the minutes of a meeting** rédiger le procès-verbal d'une réunion

a **tanker** pétrolier

to **tap** prélever (ressources)

a **tape** ruban (de téléscripteur, magnétique, etc.)

a **tape recorder** magnétophone

tar goudron

tar sands sables asphaltiques

a **tea break** pause thé

the **Teamsters (Union of Trucking and Warehousing Workers)** *US* principal syndicat de transporteurs et de manutentionnaires aux USA

a **technical college** *(!)* école supérieure technique

a **technician, a technicist** technicien

a **technique** technique

technological technologique

tedious ['ti:dɪəs] ennuyeux

tedium ['ti:dɪəm] ennui

telecommuting télétravail à domicile

a **teleconference** téléconférence

a **telemessage** télémessage

a **telephone book, a telephone directory** annuaire téléphonique

a **telephone booth** *US*, **a telephone box** *GB* cabine téléphonique

a **telephone exchange** central téléphonique

to **teleprint** transmettre par téléscripteur

a **teleprinter** téléscripteur

teletext télétexte, videotex diffusé, vidéographie diffusée

a **telex** télex

to **telex** télexer

to **temp** faire de l'intérim

temping intérim

a **template** ['templɪt] modèle, gabarit

a **temporary job** emploi temporaire

to **tender one's resignation** remettre sa démission

termination cessation

the **tertiary sector, the third sector** ['tɜʃərɪ] secteur tertiaire

a **test** essai

the **textile industry** industrie textile

the **three-shift system** «trois-huit»

through the medium of ['mi:dɪəm] par l'intermédiaire de

tidal energy, tide-power énergie marémotrice

timber bois (de chauffage, de construction)

time (at any ~) n'importe quand

time (in ~) à temps

time (on ~) à l'heure

the **time being (for ~)** pour l'instant

a **time-card** fiche de présence

a **time-clock** pointeuse, horodateur

time off congé, temps libre

time-sharing temps partagé

a **time-sheet** feuille d'heures

tin étain

tinplate fer-blanc

together with en même temps que

a **token strike** grève symbolique

a **tool** outil

a **tool-kit, a tool-box** boîte à outils

tools utilitaires (logiciels)

a **top manager** cadre de haut niveau

total quality control qualité totale (méthode de management)

tough
1. dur, ardu (travail)
2. peu commode (personne)

tractor feed entraînement par picots

a **trade** métier (en particulier manuel)

a **trade representative** attaché commercial

a **trade(s) (-)union** *GB* syndicat

a **trainee** [treɪ'ni:] stagiaire, personne en formation

to **train for a job** apprendre un métier

to **train s.o.** former qqn

training formation

a **training period** stage de formation (professionnelle)

a **training scheme** [ski:m] stage de formation

a **transfer** mutation

transmission transmission

a **transparency** transparent

a **travelling allowance** indemnités de déplacement

travelling expenses frais de déplacement

a **tray** corbeille (de rangement)

the **treasurer** trésorier

a **treatment** traitement

trial (on~) ['traɪəl] à l'essai

a **trial** procès

triplicate (in ~) en triple exemplaire

a **truck** *US*, **a lorry** *GB* camion

a **trunk call** appel interurbain

to **turn down a job** refuser un emploi

the **turnover**
1. chiffre d'affaires
2. rotation de la main-d'œuvre
3. écoulement des marchandises

a **tycoon** [taɪ'ku:n] magnat

to **type** dactylographier

to **type in data** [deɪtə] saisir des données

typesetting composition

a **typewriter** machine à écrire

ultra vires ['ʌltrə'vaɪəri:z] au-delà des pouvoirs, anti-statutaire

unanimous unanime

unauthorised personnes non-autorisées

unavoidable inévitable

under separate cover sous pli séparé

under the circumstances dans ces circonstances

to **underline** souligner

an **undertaking** entreprise

unemployed (to be ~) être au chômage

the **unemployed** *nom coll.* les chômeurs

unemployment chômage

unequal inégal

unfit inapte

a **union** *(!)* syndicat

union dues, union fees cotisations syndicales

unionism syndicalisme

a **unionist** syndicaliste

a **union member** membre d'un syndicat

the **union movement** mouvement syndical

a **union official** responsable syndical

a **union representative** représentant syndical

a **union shop** entreprise qui n'embauche pas de travailleurs non syndiqués

unjustified injustifié

unleaded [ʌn'ledɪd] sans plomb (essence)

unlike à la différence de

unlikely improbable

an **unlisted number** numéro sur liste rouge

unrest agitation

unskilled non qualifié

to **update**
1. mettre à jour (données)
2. moderniser

updated mis à jour, modernisé

to **upgrade** mettre à jour(matériel, logiciel)

upgrading
1. recyclage
2. mise à jour

an **upheaval** agitation

an **upper case letter** lettre majuscule

up to jusqu'à (suivi d'un nombre)

up-to-date à jour, moderne

up-to-date (to be ~) être à jour

use utilisation

useless inutile

user-friendliness convivialité

user-friendly convivial, facile d'utilisation

a **vacancy** *(!)* ['veɪkənsɪ] poste vacant

a **vacant position** poste vacant

to **vacate the Chair** lever la séance

value-added valeur ajoutée

a **VDU, Video Display Unit** écran de contrôle, console d'affichage

a **vehicle** véhicule

a **vending machine** distributeur

versatile souple, à usages multiples

vertical concentration, vertical integration concentration verticale, intégration verticale

vertical merger concentration verticale

vertical trustification cartélisation verticale

a **vexation** *(!)* affront

via ['vaɪə] via, par l'intermédiaire de

the **vice president** vice-président

a **vice-president** *US*, **department manager** *GB* directeur de filiale, directeur de service

a **video** cassette vidéo

a **video disc** vidéodisque

a **videophone** vidéophone, visiophone

a **video recorder** magnétoscope

a **viewdata service** ['vjuːˌdeɪtə] service vidéotex

viscose viscose

to **visit s.o.** rendre visite à qqn

the **Visitor's Book** registre des visiteurs, livre d'or

a **vocational school** école professionnelle

vocational training formation professionnelle

a **voice message** message vocal

voice processing traitement de la parole

a **vote by show of hands** vote à main levée

voted into the Chair (to be ~) être élu président

voting rights droits de vote

a **wage, wages** salaire

a **wage agreement** accord salarial

a **wage-earner** salarié

a **wage-freeze** gel, blocage des salaires

a **waiting room** salle d'attente

to **walk out** débrayer

a **walk-out** débrayage

waste *indén.*
1. déchets
2. gaspillage

to **waste** gaspiller

a **wastepaper basket** corbeille à papier

to **weave / wove / woven** tisser

a **weaver** tisserand

a **weaving mill** usine de tissage

weekly hebdomadaire

a **wheel-chair** fauteuil roulant

when due à l'échéance

whereby [wɛəʳ'baɪ] par quoi, d'où

whether si (alternative)

a **whiteboard** tableau blanc

a **white-collar worker** «col blanc»

a **wild-cat strike** grève sauvage

to **win / won / won** gagner

to **win one's case** gagner son procès

to **wind / wound / wound up** liquider, dissoudre une société

a **windmill** éolienne

a **window envelope** enveloppe à fenêtre

wind-power énergie éolienne

a **wire** ['waɪəʳ] fil (métallique ou électrique)

within en (+ durée), dans un délai maximum de, sous (+ nombre de jours)

without delay sans délai

without fail sans faute

women's lib mouvement de libération de la femme

women's liberationists, women's libbers féministes militantes

wood-pulp pâte à papier

woollens lainages

a **wordprocessor** traitement de texte

work travail

a **work** œuvre, réalisation

a **work(ing) day** jour ouvrable

a **worker** travailleur, ouvrier (en part. dans l'industrie)

the **workforce** main-d'œuvre

to **work full-time** travailler à temps complet

the **working class(es)** classe ouvrière

working conditions conditions de travail

working hours heures de travail

a **working party** groupe de travail

the **working week** semaine de travail

a **working-man** membre de la classe ouvrière

to **work in shifts** travailler en équipes

to **work long hours** avoir une longue journée de travail

a **workman** ouvrier (en part. en extérieur)

workmanship qualité du travail

workmen's compensation *GB* assurance contre les accidents du travail

to **work out a contract** élaborer un contrat

to **work out a scheme** [ski:m] élaborer un plan

to **work overtime** faire des heures supplémentaires

to **work part-time** travailler à temps partiel

the **work place** lieu de travail

a **works**
1. usine
2. atelier
3. chantier

a **works committee, a works council** comité d'entreprise

a **works council** comité d'entreprise

a **workshop** atelier

the **works manager** chef d'atelier

a **workstation**
1. poste de travail
2. station de travail

a **work stoppage** arrêt de travail

to **work to rule** faire la grève du zèle

a **work-to-rule strike** grève du zèle

worsted laine peignée

worthless sans valeur

to **write / wrote / written down** noter, prendre note de

a **writing pad** bloc-notes

a **wrong number** faux numéro

wrought iron fer forgé

WYSIWYG (What You See Is What You Get) visualisation à l'écran = sortie imprimante

X

to **xerox** ['zɪərɒks] photocopier

a **xerox machine** photocopieuse

Y

a **yellow-dog contract** *US* convention non conforme aux règlements syndicaux

yet (as ~) jusqu'ici

yield [ji:ld] rendement, productivité

Your ref., Our ref. V/Réf., N/Réf.

youth unemployment chômage des jeunes

Z

a **zip code** *US*, **a post(al) code** *GB* code postal

Français – Anglais

abonné a subscriber
abonnement a subscription
s'abonner to subscribe

aboutir à un accord to reach an agreement

absence autorisée a leave of absence

absent (être ~) to be away

absentéisme absen**tee**ism [ˌæbsən'tiːɪzəm]

abstention an abstention

accent sur (mettre l'~) to put / put / put the emphasis on

accessoires the fittings, accessories

accident du travail an industrial accident

accord an agreement

accorder *(en récompense)* to award sth.

accorder à qqn la faveur d'une commande to favour s.o. with an order

accord salarial a wage agreement

accroître to increase, to raise [reɪz], to step up

accusé de réception an ack**now**ledgement [ək'nɒlɪdʒmənt]

accuser réception to ack**now**ledge re**ceipt** [rɪ'siːt]

achever to complete
achèvement completion

acier steel
aciérie steelworks, a steel-mill

acquérir to a**cquire** [ə'kwaɪəʳ]

acrylique acrylan, acrylic

action concertée *(au niveau de l'entreprise)* corporate planning

action syndicale industrial action *(!)*

actionnaire a shareholder *GB*, a stockholder *US*

adaptation adjustment

adhérer à un syndicat to join a union *(!)*

administrateur *(membre du conseil d'administration)* a director

adopter un rapport to receive a report *(!)*

adresse an address

adresse intérieure the inside address

adresser to address

adroit skilful

affaire *(cas)* a case

affaire *(entreprise)* a business, an undertaking, a concern

affecter to a**ssign** [ə'saɪn]
affectation an a**ssi**gnment [ə'saɪnmənt]

afficher to display

affranchir une lettre to frank, to stamp a letter
affranchissement postage

âge de la retraite retirement age

agence de l'ANPE a Job Centre *GB*

agence de placement an employment agency

agenda a **di**ary ['daɪərɪ]

agitation unrest, an upheaval
agitation ouvrière, sociale industrial upheaval

agrafe a clip, a staple
agrafer to clip, to staple
agrafeuse a stapler

agrandissement *(d'un document, etc.)* enlargement

agréé par les Postes approved for connection

aide électronique electronic support

ajourner to adjourn [ə'dʒɜːn]
ajournement a postponement

alimentation électrique power, the power supply

alimentation papier paper feed

alimenter to feed / fed / fed, to supply *(!)*

alinéa an identation, a paragraph

alliage an alloy

allocation an allowance
allocation de chômage the dole, jobless benefits

ambiance an atmosphere *(!)*

améliorer to improve
amélioration an improvement

amende a fine [faɪn]

amendement *(à une proposition)* an amendment

analyse an analysis, *Pl* analyses
analyser to analyse

ancienneté seniority *(!)*

anhydride carbonique, CO_2 carbon dioxide

annexe *(d'un document)* a rider

annuaire a directory [dɪ'rektərɪ]

annuaire téléphonique a telephone book, a telephone directory

annuler to cancel
annulation a cancellation

annuler un mot d'ordre de grève to call off a strike

anthracite anthracite

anti-statutaire ultra vires [ˌʌltrə'vaɪəriːz]

antigel anti-freeze

appareil an apparatus[ˌæpə'reɪtəs], *Pl* apparatuses [–siːz] or apparatus, a device, an appliance [ə'plaɪəns]

appareil («à l'~») "speaking"

appareil de télécommunication mobile *(type «Alphapage»)* a radiopaging, a paging machine

appareils fittings

appel en P.C.V. a reverse charge call *GB*, call collect *US*

appeler to call, to place a call

appeler au président de séance (en ~) to address the Chair, to appeal to the Chair

appeler en P.C.V. to reverse charges, toplace a reverse charge call

appeler par radio to radiopage

appel gratuit freephone, green number

appel international par l'automatique International Direct Dialling, IDD

appel interurbain a trunk call

appel téléphonique a call

appellation *(épistolaire)* salutation

appliquer la loi to enforce the law

apport input

appréciation appraisal

apprendre un métier to train for a job

apprenti an apprentice [ə'prentis]
apprentissage apprenticeship

approuver le procès-verbal to confirm the minutes ['mɪnɪts] *(!)*

approvisionner to supply *(!)*
approvisionnement supplies

approximatif approximate / approx.

apte fit

arbitrage arbitration

archaïque archaic [aː'keɪk]

archivage filing

ardu tough [tʌf]

argile clay

armoire a closet

arrêt de travail a work stoppage

arriver à échéance to fall / fell / fallen, to come to maturity

article *(d'une liste)* an item

artisan a craftsman

assemblée a meeting

assemblée générale annuelle the annual general meeting, AGM

assemblée générale extraordinaire an extraordinary general meeting

assembler *(mécanisme)* to assemble

assistant(e) de direction a personal assistant, PA

assister to be in attendance

association *(à but non lucratif)* a society *(!)* [sə'saɪətɪ]

association *(société en nom collectif)* a partnership

associé a partner

associé gérant a general partner, an active partner

assurance insurance [ɪn'ʃʊərəns]

assurance contre les accidents du travail workmen's compensation *GB*

assurance invalidité disability insurance

assuré *(confiant)* confident *(!)*
assurer *(donner l'assurance)* to assure
assurer (s'~) *(contre des risques)* to take out an insurance
assurer de (s'~) to make sure of
atelier a shop, a workshop, a works
atout an asset
attaché commercial a trade representative, a sales representative
attendre to await, to expect
attendre à (s'~) to await, to expect
attendre avec impatience to look forward to (+ ing)
attention de (à l'~) for the attention of
attirer des ennuis (s'~) to get into trouble
attirer l'attention de qqn sur to draw / drew / drawn s.o.'s attention to
attribut *(d'une police de caractères)* a style
augmentation an increase, a rise, an increment
augmenter to increase, to step up
automatique automatic
automatique interurbain Subscriber Trunk Dialling, STD
automatisé automated
autonome off-line
autosuffisance self-sufficiency [–sə'fɪʃənsɪ]
autosuffisant (être ~) to be self-sufficient *(!)* [–sə'fɪʃənt]
avaliser une traite to back a draft
avance (à l'~) beforehand
avancée *(progrès)* a breakthrough
avancement promotion
avant (se mettre en ~) to push oneself forward
avant-projet a draft
avantages benefits
avantages divers perks, perquisites ['pɜːkwɪzɪts]
avantages non intégrés au salaire fringe benefits
avérer (s'~) to prove (to be)
avis *(message)* a notice
avis (à mon ~) in my opinion
avis de rappel a reminder
avis de virement a notice of transfer
avis d'expédition an advice note
avocat a lawyer ['lɔːjə[r]]
avocat à la cour a barrister at law
avoir droit à qqch. to be eligible for sth.
avoir l'intention de to intend
avoir la parole to have the floor
avoir le téléphone *(être dans l'annuaire)* to be on the phone
avoir recours à la force to resort to force
avoir une longue journée de travail to work long hours
avoué a solicitor *(!)* GB

bailleur de fonds a silent partner, a sleeping partner
baisse a slowdown
bande magnétique a magnetic tape
banderole a banner
banque de données a data bank ['deɪtə]
baril *(=159 l)* a barrel
barrage *(hydraulique)* a dam
barrage *(routier)* a roadblock
barre oblique (/) a slash US, an oblique GB
barrement d'un chèque the crossing of a cheque
barrer un chèque to cross a cheque
barricade a barricade
base *(ouvrière)* the rank and file, the shop-floor
base de données a data base
bassin houiller a coal-mining district, a coal field
bassin sidérurgique an iron field
battre pour atteindre le sommet (se ~) to fight / fought / fought one's way to the top, to struggle to the top
«beeper» *(faux anglicisme)* a bleeper
bénéficiaire the payee [peɪ'iː]
besoins *(énergétiques, etc.)* requirements

biens d'équipement capital goods
billet à ordre a promissory note, p/n
bit *(chiffre binaire)* a bit (Binary digIT)
bloc-notes a note-pad, a writing pad
blocage des salaires a wage-freeze
blocus (faire le ~) to blockade
bois *(de chauffage, de construction)* timber
boîte à outils a tool-kit, a tool-box
boîte aux lettres a letter box, a pillar box *GB*, a mail box *US*
boîte aux lettres électronique electronic mail, E-mail ['iːmeɪl]
boîte de classement a box-file
bonne volonté goodwill
bordereau a docket, a note
bouc émissaire a scapegoat
boulon a bolt
Bourse du travail the Labour Exchange
branche a department
brevet a **pa**tent
briseur de grève a strike breaker, a scab, a blackleg
bronze brass
brouillon a draft
broyer to grind / ground / ground
brut gross
bulletin de salaire a pay slip
bulletins de vote ballot papers
bureau *(meuble)* a desk
bureau de placement an employment agency
bureau de tri a sorting office
bureautique office automation, OA
but non lucratif (à ~) non-profit(-making)
buvard a blotter

cabine téléphonique a telephone booth *US*, a telephone box *GB*
cacheter to seal
cadence a pace
cadre *(de vie)* the en**vi**ronment [ɪn'vaɪərənmənt]
cadre an executive
cadre de haut niveau a top manager
cadre moyen a middle manager
cadre supérieur a senior *(!)* executive, a senior *(!)* manager, an executive officer *(!)*
caisse de grève strike funds
caisse de retraite a pension *(!)* scheme [skiːm]
calculatrice de poche a pocket calculator
calculette a desk-calculator
«camembert» *(graphique)* a pie chart [paɪ]
camion a lorry *GB*, a truck *US*
candidat an **a**pplicant
candidature an application *(!)*
cantine a canteen
capable able
capacité an ability *(!)*
capitales d'imprimerie (en ~) in capitals
captivant engrossing
caractère officiel (sans ~) informal
caractères gras (en ~) bold
caractères gras bold type
caractéristique *(technique)* a specification
carbone carbon
carburant fuel *(!)* [fjuːəl]
carnet de rendez-vous a **di**ary ['daɪərɪ]
carrière *(d'extraction)* a quarry
carrière *(métier)* a ca**reer**
carte de visite professionnelle a business card
carte d'identité magnétique a magnetic identification card
carte perforée a punch(ed) card, *Pl* punched cards
cartel a cartel, a **com**bine ['kɒmbaɪn] *(!)*
cartel horizontal a horizontal combine *(!)*
cartélisation verticale vertical trustification
cartouche a **car**tridge
cas où (au ~) in case
cassette vidéo a **vi**deo (cassette)
causer *(faire (en sorte) que)* to cause

causer des ennuis à qqn to get s.o. into trouble

céder au chantage to bow to blackmail

cellulose cellulose

centrale *(électrique, nucléaire)* a plant *(!)*

centrale d'appoint a pump-storage station

centrale électrique a power-station

centrale hydroélectrique a hydro-electricity plant *(!)*

centrale nucléaire a nuclear (power) station, a nuclear plant *(!)*, a nuke [nju:k] *fam.*

centrale thermique alimentée au charbon a coal-burning / coal-fired (power) station

centrale thermique alimentée au mazout an oil-burning / oil-fired (power) station

central téléphonique a telephone exchange

centre de raffinage a refining centre

certificat a certification

certificat de bonne moralité a character reference *(!)*

certitude a certainty

cessation termination

cession a divestiture, divestment

chaîne de montage an assembly line

chaîne de production a production line

chaise tournante a swivel chair

chaleur heat

champ *(base de données)* a field

changement change *(!)*

chantier a works

chantier de construction navale a shipyard

charbon coal

charbon de bois charcoal

charbonnage coal-mining

charger *(en mémoire, etc.)* to load

chaudière a boiler

chauffer to heat

chef comptable the chief accountant

chef d'atelier the works manager, the overseer, the foreman

chef de bureau the office manager

chef de fabrication the production manager

chef d'entreprise an entrepreneur [ˌɒntrəprəˈnɜʳ]

chef de publicité the advertising manager

chef des achats the purchasing manager

chef de service a head of department, an executive

chef du personnel the staff manager

chef magasinier a head storekeeper

chemin de fer railway *GB*, railroad *US*

cheminée d'usine a stack, a chimney-stack

chemise *(dossier)* a folder

chemise a jacket *(!)*

chemise cartonnée an envelope-file

chèque a cheque *GB*, a check *US*

chèque au porteur a cheque to bearer

chèque barré a crossed cheque

chèque certifié an attested cheque

chèque en bois a dud cheque

chèque repas a luncheon voucher [ˈvaʊtʃəʳ]

chèque sans couverture a cheque without cover

chercher *(dans un répertoire, un dictionnaire, etc.)* to look up

chercher des ennuis to look for trouble

chercher un emploi to hunt, to search for a job

chercheur a researcher

chiffre a figure *(!)* a digit

chiffre d'affaire the turnover

chiffres *(statistiques)* figures *(!)*

chômage unemployment, joblessness

chômage (être au ~) to be unemployed

chômage des jeunes youth unemployment

chômeurs the unemployed *nom coll.*

ci-dessous below

ci-dessus above

ci-joint enclosed, herewith [ˈhiːəwɪð]

circonstances (dans ces ~) under the circumstances

circuit a channel

circuit fermé de télévision a closed-circuit television network ['sɜːkɪt]

circuit intégré an integrated circuit, a chip

citer to quote
citation a quotation

citoyen de seconde zone a second-rate citizen

classe ouvrière the working class(es)

classer to docket

classeur *(dossier)* an index-file *(!)*

classeur *(meuble)* a filing cabinet

classeur *(pour les lettres)* a rack

clavier a keyboard

claviste a keyboard operator

climatisation air conditioning

cloison a partition

clore to close

clou a nail

code a code

code postal a post(al) code *GB*, zip code *US*

cœur *(d'un dispositif)* the core

coffre a safe

coke coke

«col blanc» a white-collar worker

«col bleu» a blue-collar worker

colère anger, rage

colis a parcel

collateur a collator

collecter des informations to extract, to retrieve information

combiné a receiver

combler une retard to close a gap

combustible fuel *(!)* [fjuːəl]

combustible fossile a fossil fuel

comité a co**mmi**ttee [kə'mɪtɪ]

comité de grève a strike committee

comité d'entreprise a works committee, a works council

commanditaire a silent partner, a sleeping partner

commandité an active partner, a general partner

commerçant indépendant a sole trader

commettre un excès de pouvoir to act ultra vires [ˌʌltrə'vaɪəriːz]

commissaire aux comptes an auditor *(!)*

commission (faire une ~) to give / gave / given a message

commission paritaire a joint committee

commode convenient, practical

communication (mettre en ~) to put / put / put s.o. through, to connect

compatible com**pa**tible

compenser *(contrebalancer)* to offset / offset / offset

compenser qqch. *(rattraper)* to make up for sth.

compétence a skill
compétent skilful, competent, expert

complètement fully

complexe sophisticated *(!)*

comportement a be**ha**viour [bə'heivjə^r]

comporter (se ~) to behave

composant a com**po**nent

composer un numéro to dial a number ['daɪəl]

composition typesetting

compromettre to **jeo**pardize ['dʒepədaɪz]

comptabilité the accounts
comptable an accountant

comptant d'usage prompt cash

compte (être à son ~) to be self-employed

compte courant a current account

compte rendu the **mi**nutes *(!)* ['mɪnɪts]

compter sur to rely on

comptes the accounts

compte tenu de due to, owing to, in consideration of

concentration *(trust)* a **com**bine *(!)* ['kɒmbaɪn]

concentration verticale vertical integration, vertical merger

conception design *(!)*

concerne (en ce qui ~) as to, regarding

concertation collective bargaining

concevoir to design *(!)*
concis concise [kən'saıs]
concision conciseness [kən'saısnıs]
conclusions findings
concours a competition *(!)*
conçu (être ~) to be devised
condamné à payer une amende (être ~) to be fined
condescendance a patronizing attitude
conditionnement packaging, a package
conditions de travail working conditions
conditions requises the requisites ['rekwızıts]
conduite de gaz a gas main
conférence a conference
confiance en soi self-confidence
confiant confident *(!)*
confidentiel confidential
confidentiellement in confidence
configuration a set-up
configurer to set-up
confirmation a confirmation
confirmer to confirm, to bear / bore / borne out
conflit des attributions *(du travail)* a demarcation *(!)* dispute
conflit du travail a labour *(!)* dispute, a labour *(!)* strife
conformément à in accordance with
conformer à qqch. (se ~) to comply with sth., to conform to sth.
congé leave, time off, holidays
congé de maternité maternity leave, pregnancy leave
congé de paternité paternity leave
congédiement a discharge *(!)*, a dismissal
congédier to discharge *(!)*, to dismiss, to give the sack, to fire
congé parental parental leave
congé pour convenance personnelle compassionate leave *(!)*
congés payés a holiday with pay, paid leave
conglomérat a conglomerate
congrès a congress
conjointement et individuellement responsables jointly and severally responsible
connaissances techniques expertise
connaissement a bill of lading, b/l
connecteur a switch
conseil d'administration a Board of Directors
conseiller d'orientation a careers officer *(!) GB*
conseiller en gestion a management consultant
consensus a consensus
conséquence (en ~) therefore, accordingly
conserves preserves *(!)*
considérer *(envisager)* to consider
considération consideration
console d'affichage, de visualisation a screen, a monitor, a Video Display Unit, VDU
consommation consumption
consommer to consume
consommateur a consumer
consortium a consortium, a combine *(!)* ['kɒmbaın]
constituer (se ~) *(pour une société)* to incorporate *(!)*
constitution de société an incorporation *(!)*
constructeur a manufacturer
constructeur automobile an auto-maker
construction mécanique engineering
construction navale shipbuilding
construire un barrage sur un fleuve to dam a river
contenir *(maîtriser)* to curb, to harness
contenu the contents
contrat an agreement, a contract
contrat de travail à durée déterminée a fixed term work contract
contre-proposition a counter-offer
contrebalancer to offset / offset / offset
contredire to contradict
contrefaçon a counterfeit ['kaʊntəfi:t]
contrefaire to counterfeit
contremaître the works manager, the overseer, the foreman

contrôler to monitor, to check
convenable suitable ['su:təbl]
convenance (à votre meilleure ~) at your earliest convenience
convenir to suit [su:t]
convention an agreement
convention collective a collective agreement
convertisseur a converter
convient (qui ~) suitable ['su:təbl]
convivial user-friendly
convivialité user-friendliness
convocation à une réunion a notice of meeting
convoquer une assemblée to call a meeting
coopérative a co-operative (society)
copie a copy
copie de sauvergarde a backup
copie illégale pirating
copie recto-verso *(par une photocopieuse)* double-sided copying
corbeille *(de rangement)* a tray
corbeille à papier a wastepaper basket
corps *(d'une police de caractères)* a size
corps d'une lettre the body of a letter
correction *(exactitude)* correctness
correspondance correspondence, mail
correspondant correspondent
correspondre à / avec to correspond to / with
cotation a quotation
cotisations syndicales union *(!)* dues, union *(!)* fees
couche a layer
couler to cast / cast / cast
coupé de qqch. (être ~) to be cut off from sth.
couper *(une communication)* to cut / cut / cut off
coupon-réponse international an international reply coupon
courant *(après une date)* instant / inst.
courant *(électrique)* power, the power supply
courbe a line chart, a graph
courrier mail
courrier arrivée incoming mail
courrier à tarif réduit second class mail
courrier départ outgoing mail
courrier en partance pour l'étranger ou la province outward mail
courrier en provenance de l'étranger ou de la province inward mail
courrier normal first class mail
courrier ordinaire, par voie terrestre surface mail
courrier par avion air mail
courroie transporteuse a conveyor belt
cours *(cotation)* a quotation
cours *(série de leçons)* a course [kɔ:s]
courtois courteous
court terme (à ~) at short notice
coutellerie cutlery
couverture *(sociale)* a cover
crayon a pencil
crayon optique a light pen
créancier a creditor
création d'emploi job creation
crèche child care facilities, child minding facilities, a nursery, a day-care centre
créer une société to set / set / set up a company
creuser to dig / dug / dug
crise a crisis ['kraɪsɪs], *Pl* crises [–si:z]
crochets [ ] square brackets
cuivre copper
curriculum vitae a curriculum vitae, a CV [si:vi:] a résumé *(!)*
curseur a pointer, a cursor

D

dactylographier to type
danger a hazard *(!)*
dangereux hazardous *(!)*
danger (mettre en ~) to jeopardize ['dʒepədaɪz]
date a date
date d'échéance date of maturity

date de dépôt the date of filing
débiteur a debtor ['detəʳ]
débouché professionnel a job opportunity *(!)*
débrayage a walk-out
  débrayer to walk out
début the outset
décalage a dis**cre**pancy
déception disappointment
  décevoir to disappoint
déchets waste(s), *indén.*
décidé à (être ~) to be de**ter**mined to
décision a decision
  décider to decide
déclaration a statement
décliner *(identité)* to state
décliner *(invitation, offre)* to turn down
découverte *(filon, or, etc.)* a strike
découverte a discovery
  découvrir to discover
décret de loi an Act *(!)*
défaillance logicielle a bug
défaire de qqch. (se ~) to sell / sold / sold off sth., to divest oneself of
défaut de fabrication a fault
  défectueux defective
défilé a march *(!)*
défini definite
définitif final *(!)*
«dégraisser» *(réduire les effectifs)* to streamline
délai (dans un court) at short notice
délai (dernier ~) no later than
délai (sans ~) without delay
délai de préavis a notice period
délégation a mandate, a commission
délégué a delegate
délégué commercial a trade representative, a sales representative
délégué syndical *(d'atelier)* a shop-**stew**ard [–'stjuːəd]
demande a request
demande de brevet a **pa**tent application *(!)*
demande de dommages et intérêts a claim for damages
demande de renseignements an in**qui**ry, an investigation
demande intérieure domestic demand
demandeur *(au téléphone)* a caller, a calling party
demandeur d'emploi a job applicant
démission a resignation *(!)*
  démissionner to resign *(!)*, to quit / quit / quit
démodé outdated
démodé, dépassé (être ~) to be out of date, outdated
démonter qqch. to take sth., to pieces
démoralisant demoralising
dépassé outdated
dépasser to overtake
dépendance dependence
  dépendre de to be dependent on, to rely on
dépendre de *(dans la hiérarchie)* to report to
déposer une plainte to lodge, to make, to raise a complaint
déposer une résolution to move a resolution
dernier (ce ~) the latter
désaccord a dis**cre**pancy
désaccord avec (être en ~) to differ (from)
déséconomies d'échelle dis-economies of scale
désengagement a divestiture, divestment
dès que possible at your earliest convenience
dessein (à ~) on purpose
dessous de (en ~) below
destinataire the addres**see** [,ædre'siː]
destiné à intended for
destructeur de documents a shredding machine, a shredder
désuet obsolete
détachement a **se**condment
détails the par**ti**culars *(!)*
détendu relaxed
dette a debt [det]
deuxième parrain *(d'un candidat, d'une motion)* the **se**conder
deux points (:) a colon
développer to boost, to further

devoir de (se faire un ~) to make a point of, to make it a point to

diapositive a slide

Dictaphone a Dictaphone

dictée a dictation
dicter to dictate

dictée (sous la ~) from dictation

différence de (à la ~) unlike

différent de different from

dilemme a dilemma [daɪ'lemə]

diminuer to de**crease**

diplôme a diploma

diplômé a **gra**duate *(!)*

diplômé de l'université a college **gra**duate

diplôme d'enseignement supérieur a de**gree** *(!)* [dɪ'griː]

directeur / directrice a director, an executive, a manager, a managing director *GB*, a president *US*

directeur adjoint the deputy manager, the assistant manager

directeur artistique the art manager

directeur commercial the business manager, a sales executive

directeur de filiale a department manager *GB*, vice-president *US*

directeur de production the production manager

directeur de service a department manager *GB*, vice-president *US*

directeur de succursale a branch *(!)* manager

directeur des ressources humaines, D.R.H. the staff manager

directeur des ventes the sales manager

directeur du marketing the marketing manager

directeur du personnel the person**nel** manager

directeur du service informatique the **da**ta processing manager ['deɪtə]

directeur d'usine the plant *(!)* manager

directeur financier the fi**nan**ce manager

directeur général the general manager

directeur général adjoint the assistant general manager

directeur régional the district manager

directeur technique the engi**neer**ing manager

direction management

dirigeant a senior *(!)* executive, a senior *(!)* manager, an executive officer *(!)*

discrimination au premier degré direct discrimination

discrimination au second degré indirect discrimination

discrimination discrimination

discrimination raciale racial discrimination ['reɪʃəl]

discuter de qqch. to discuss, to dispute sth.

dispositif an appa**ra**tus [ˌæpə'reɪtəs], *Pl* appa**ra**tuses or appa**ra**tus [–əsɪz], a device, an ap**pli**ance [ə'plaɪəns]

disposition *(présentation)* the layout

disposition dis**po**sal

disposition de (à la ~) at the disposal of

disposition de qqn (à la ~) at s.o.'s disposal

disposition de qqn (mettre qqch. à la ~) to make sth. available to s.o.

dispositions d'un contrat the provisions of a contract

disque dur a hard disk

disquette a floppy (disk)

dissuader qqn de faire qqch to deter s.o. from doing sth.

distributeur a vending machine

distribution *(de courrier)* a delivery

division du travail the division of labour *(!)*

documentation literature *(!)*

documents contre acceptation Documents against Acceptance, d/a

documents contre paiement Documents against Payment, d/p

doléance a **grie**vance ['griːvəns]

dommages et intérêts damages ['dæmɪdʒɪz]

donc therefore, accordingly

donner de l'avancement to promote

donner lieu à to give / gave / given cause for

donner pour instruction de to in**struct** to

donner son préavis to give in one's notice

dossier *(chemise)* a folder

dossier a file

dossier suspendu a hanging-file

double a copy

double exemplaire (en ~) in duplicate

doute doubt ['daʊt]

doute (mettre en ~) to doubt [daʊt]

doute (sans aucun ~) no doubt

drap *(étoffe)* cloth

dresser un protêt to draw / drew / drawn up a protest

droit a right

droit de réponse a right of reply

droit du travail the Labour Law *GB*

droits de vote voting rights

dû à due to, owing to

dûment duly

dur *(travail)* tough [tʌf]

écart a discrepancy

Échange de Documents Informatisés, EDI Electronic Data Interchange, EDI ['deitə]

échappement exhaust

échéance (à l'~) when due

échelle de notation the point scale

éclater to burst / burst / burst (out)

école professionnelle a vocational school

école supérieure de commerce a business school

école supérieure technique a technical college *(!)*

économies *(d'énergie)* conservation *(!)*, savings

économies *(d'énergie, etc.)* savings
économiser to save *(!)*

économiser to conserve *(!)*, to save *(!)*

écran de contrôle, de visualisation a screen, a monitor, a Video Display Unit, VDU

écrou a nut

effacer *(remettre à zéro)* to clear

effacer *(supprimer)* to delete [də'li:t]

effaceur an eraser

effectuer une copie de sauvegarde to backup

effectuer une tâche to perform, to carry out (a task)

effet (à cet ~) for this purpose

effet de commerce an instrument of trade

efficace efficient [ɪ'fɪʃənt]
efficacité efficiency [ɪ'fɪʃənsɪ]

efforcer (s'~) to endeavour [ɪn'devə^r]

égal equal ['i:kwəl]

égalité equality

égalité des chances sur le marché du travail equal employment opportunities

égard (à cet ~) in this respect

élaborer to work out

électricité electricity

électricité statique static electricity

électrique power-driven

électronique electronic

élément *(d'une liste)* an item ['aɪtəm]

élever to raise

élever (s'~) to rise / rose / risen

élever des objections contre qqch ou qqn to object to sth. or s.o.

élever des protestations énergiques to raise a strong protest

émarger à l'ASSEDIC, à l'ANPE to be on the dole, to sign on the dole

embauche employment
embaucher to take on, to engage, to hire

emboutir to press

émeute a riot ['raɪət]

émission *(bordereau, timbre, etc.)* an issue *(!)* [ɪʃu:]

emploi a job, employment

emploi (être sans ~) to be out of a job, out of work, jobless

emploi à temps complet a full-time job

emploi à temps partiel a part-time job

emploi temporaire a temporary job, temping

employé an employee [ˌɪmplɔɪ'i:]

employé de banque a bank clerk *(!)* [kla:k]*GB*, [klɜ:rk] *US*

employé de bureau a clerk, an office clerk, an office worker

employer to employ
employeur an employer

en *(+ durée)* within

encadrement des salaires pay restraint

encaisser un chèque to cash a cheque

encombres (sans ~) safely

encre ink

énergie energy, power

énergie éolienne wind-power

énergie géothermique geothermal energy

énergie marémotrice tidal energy, tide-power

énergie nucléaire nuclear energy, nuclear power

énergie solaire solar energy, solar power

enfin finally, at last

engager to hire [haɪəʳ]

engager à faire qqch. (s'~) to commit oneself to something

ennui tedium ['tiːdɪəm]
ennuyeux tedious ['tiːdɪəs]

enquête an inquiry [ɪn'kwaɪərɪ], an investigation, a survey

enregistrement *(base de données)* a record

enregistrement des appels call logging

enregistrer to record, to register

enseignement professionnel careers education *GB*

enseignement supérieur higher education

ensemble de mesures a package

entendre sur les prix (s'~) to fix prices

en-tête a letterhead (d'une lettre), a header (d'une page), a heading

entraînement par picots tractor feed

entraîner *(par implication)* to involve

entrée *(de données)* input

entreposer to store

entrepreneur an entrepreneur

entreprise an undertaking, a concern, a business

entreprise commerciale a business concern

entreprise conjointe, entreprise commune a joint venture [ventʃəʳ]

entrer *(des données)* to input / input / input

entrer en conflit to clash

entrer en relations to contact

entrer en service to go into operation

entretemps in the meantime

entretenir to maintain
entretien maintenance

entretien *(nettoyage)* cleaning

enveloppe an envelope

enveloppe à fenêtre a window envelope

enveloppe affranchie au nom de l'expéditeur a self-addressed stamped envelope, sase

enveloppe au nom de l'expéditeur a self-addressed envelope, sae

enveloppe timbrée pour la réponse au nom de l'expéditeur a stamped addressed envelope, sae

envoyer par avion to air mail

envoyer par télex to telex

éolienne a windmill

épuisant exhausting

épuiser *(des ressources)* to deplete, to exhaust

épuiser (s'~) *(ressources)* to run / ran / run out

équipe a shift

équipe de huit heures an eight-hour shift

équipe de nuit the night shift

équipement *(d'une usine)* the fitting-up

équipement machinery, appliances [ə'plaɪənsɪs]

ergonomie ergonomics

erreur an error

escompter une traite to discount a bill

esquisser to outline

essai a test

essai (à l'~) on probation, on trial ['traɪəl]

essence petrol *(!)* *GB*, gas(oline) *US*

estampille a stamp

établir les prix to fix prices

établir un double to duplicate

établir une liste to list

établissement an establishment

étain tin

état (mettre en ~) *(machine, moteur, etc.)* to overhaul ['əʊvəhɔːl]

état de (faire ~) to state, to mention

état de la technique the state of the art

étendre ses activités à to branch out into

étiquette a label
étiqueter to label, to docket

étoffe a fabric *(!)*, a material *(!)*

étude a survey

études *(formation)* the background

étudier qqch. to research into sth.

évaluation appraisal

évitable avoidable
éviter to avoid

évolué sophisticated *(!)*

évoluer dans une fourchette to range between

évoluer to evolve

exact *(ponctuel)* punctual, on time

exact *(précis)* accurate

examiner qqch. de façon favorable to give / gave / given sth. favourable consideration

excédent de personnel overstaffing

exclure to exclude

excuse an apology *(!)*

excuser de qqch. (s'~) to apologise for sth.

exemplaire a copy

exercer des pressions to exert pressure

exigence a claim

expéditeur the sender

expérience *(scientifique, etc.)* an experiment

exploiter *(des ressources minières)* to mine for

expression a phrase *(!)*

extraire des informations to extract, to retrieve information

fabrication manufacture
fabriquer to manufacture

fabrique *(textile, papier)* a mill

face à (faire ~) to cope with sth.

facteur a postman

facture a bill, an invoice

facture pétrolière the oil bill

facultatif optional

faible teneur en (à ~) *(soufre, etc.)* low-(sulphur, etc.)

faillite (faire ~) to go **bank**rupt ['bæŋkrʌpt]

faillite **bank**ruptcy ['bæŋkrəptsɪ]

faire défiler *(du texte à l'écran)* to scroll

faire fonctionner to operate, to run

faire remarquer to point out

faire renvoyer (se ~) to get the boot, to get the kick, to get the sack

faire suivre *(courrier)* to forward

fatigue *(tension)* strain, stress

faute (sans ~) without fail

faute de failing

fauteuil roulant a wheel-chair

faux numéro a wrong number

faveur a favour
favorable favourable

faveur de qqn (en ~) in s.o.'s favour

favoriser to further

féministes militantes women's liberationists, women's libbers

fendre to split / split / split

fer iron ['aɪən]

fer-blanc tinplate

fer forgé wrought iron

fermer ses portes to close down

fermeture *(puits, usine)* a closure

fermeture d'entreprise *(à l'initiative de la direction, en réponse à une grève)* a lockout

fermeture définitive *(usine, théâtre, etc.)* a shutdown

feuille *(de papier)* a sheet

feuille de papier carbone a carbon sheet

feuille d'heures a time-sheet

fiable secure, reliable [rɪ'laɪəbl]

fibre de verre fibreglass

fibre optique optical **fi**bre ['faɪbər]

fibres fibres

fiche *(base de données)* a record

fiche a card
fiche (mettre en / sur ~) to card
fiche de présence a time-card
fiche électrique mâle a plug
fichier *(informatique)* a file
fichier *(meuble)* a filing cabinet
fichier a card index
fil *(métallique, électrique)* a wire [waɪəʳ]
filature a spinning mill
  filer to spin / span / spun
filiale a subs**i**diary
filon a seam
finalement finally, at last
firme a firm
fissile fissionable
fixer une date to appoint a date
fléau a scourge [skɜːdʒ], an **e**vil ['iːvəl]
flux-tendus the just-in-time system
fonctionnaire a civil servant *GB*
fonctionnement (en ~) in operation
fonction publique the Civil Service
fondamental basic ['beɪsɪk]
fonderie a foundry
fondre *(un métal)* to smelt, to cast / cast / cast
fondre to melt
fonds commun a pool
fonte *(le métal)* cast-iron
forage boring, drilling
forer *(un puits)* to bore, to drill
formation training
formation continue further education
formation et expérience professionnelles the professional background
formation professionnelle vocational training
former qqn to train s.o.
former une société de personnes to enter into partnership
formulaire a form *(!)*
formule de politesse en fin de lettre the complimentary close
formuler des exigences to press demands, to press claims
four à acier a steel furnace
fourneau a furnace
fournir to supply *(!)*
  fournisseur a supplier
  fournitures supplies
fournitures *(de bureau, papeterie)* **sta**tionery
frais de déplacement travelling expenses
française (à la ~) *(option d'impression)* portrait printing
franchement frankly
franchir les piquets de grève to cross the picket lines
frappé (être ~) *(victime)* to be hit
fusible a fuse
fusion *(d'entreprises)* an amalgamation, a merger
fusion (en ~) molten
fusionner *(fichiers)* to merge
fusionner *(pour des entreprises)* to amalgamate, to merge

G

gabarit *(d'un document)* a **tem**plate ['templɪt]
gagner to win / won / won
gagner *(par son travail)* to earn
gagner sa vie to earn a living
gagner son procès to win / won / won one's cause
garantie de l'emploi job guarantee
gasoil *(pour moteur diesel)* diesel oil
gaspillage waste *indén.*
gaspiller to waste
gaz gas
gazoduc a gas pipeline
gel des salaires a wage-freeze
générateur a generator
génie engin**ee**ring
gérant a manager
gestion management
gestion de base de données, SGBD a database management system
gestion de fichiers a flatfile database
gisement a deposit

gisement houiller a coal-bed, a coal-seam

gisement pétrolier an oil-field

gomme an eraser, a rubber

goudron tar

graphique a chart

graphique à barres a bar chart

graphique à secteurs a pie [paɪ] chart

graphique en courbe a line graph

graphisme graphics

grève a strike

grève (faire la ~) to strike / struck / struck

grève (se mettre en ~) to go (out) on strike

grève avec occupation des locaux a stay-in strike

grève de protestation a protest strike

grève de solidarité a sympathy strike

grève du zèle (faire la ~) to work to rule

grève du zèle a work-to-rule strike

grève organisée an official strike *(!)*

grève perlée a slow-down strike, a go-slow strike

grève sauvage a wild-cat strike

grève sur le tas a sit-down strike

grève surprise a lightning strike

grève symbolique a token strike

gréviste a striker

grief a **grie**vance ['gri:vəns]

groupe de travail a working party, a pool

gueuse de fer / de fonte pig iron

guillemets (« ») inverted commas, quotation marks (" ")

halte-garderie child care facilities, child minding facilities, a nursery, a day-care centre

handicap a handicap, a disability, a disablement

handicapé(e) a disabled person

handicapés the disabled *nom coll.*

harcèlement **ha**rassment

haute technologie high tech(nology)

haute tension (à ~) high-tension

hauteur de la tâche (être à la ~) to be equal to the job

haut fourneau a blast furnace

hebdomadaire weekly

heure (à l'~) on time

heures de travail working hours

heures supplémentaires (faire des ~) to do overtime, to work overtime

heures supplémentaires overtime, extra hours

heureux de pleased to

heurter à des difficultés (se ~) to expérience difficulties

hiérarchie a hierarchy ['haɪərɑ:kɪ]

histogramme a bar chart

homme de loi a lawyer ['lɔ:jə^r]

horaire a schedule ['ʃedju:l] *GB*, ['skedju:l] *US*, a timetable

horaire *adj.* hourly

horaire réduit shorter hours

horaires de bureau office hours

horaires variables **fle**xitime

horodateur a time-clock

hors service out of work, out of order

houille coal

houillère a colliery

huile *(de moteur, etc.)* oil

huis clos (à ~) in **ca**mera

huissier a bailiff, an usher

hydrocarbures **hy**dro**car**bons ['haɪdrəʊ'kɑ:bənz]

hydroélectrique **hy**droe**lec**tric ['haɪdrəʊɪ'lektrɪk]

ici (d'~) *(+ durée)* within

icône an **i**con ['aɪkɒn]

immatriculer to re**cord**, to register

impasse *(situation bloquée)* a deadlock

impliquer to involve

imprimante a printer
imprimante à aiguilles, matricielle a dot-matrix printer
imprimante à jet d'encre an inkjet printer
imprimante à marguerite, qualité courrier a daisy-wheel printer
imprimante laser a laser printer
imprimer to print
imprimés printed matter
inapte unfit
inciter à to induce to
incitation an incentive
incrédulité disbelief
indemnité de licenciement redundancy pay(ment), severance pay
indemnités compensation
indemnités de déplacement a travelling allowance
indemnités payées aux grévistes strike benefits, strike pay
index an **in**dex
indexé index-linked, **in**dexed
indicatif *(à l'écran)* a prompt
indicatif *(télex)* an answerback code
indicatif téléphonique an **a**rea code ['ɛərɪə]
indice an **in**dex, *Pl* **in**dices ['ɪndɪsɪz] *(!)*
industrie aéronautique the aircraft industry
industrie chimique the chemical industry
industrie en déclin a sunset industry *US*
industriel industrial
industrie montante a sunrise industry *US*
industrie pétrochimique the petrochemical industry
industrie textile the textile industry
industries de transformation processing industries
inégal unequal
inégalité ine**qua**lity
inévitable una**voi**dable
inexact inaccurate
infirmité a handicap, a disability, a disablement
infographie computer graphics
informaticien a DP (data processing) specialist
informatique computer science, data processing, information technology
informer to inform
ingénieur an engi**neer**
initiales in**i**tials
initialiser *(un ordinateur)* to reset / reset / reset
injustifié unjustified
innover to innovate
inquiétude con**cern** *indén.*
insérer to insert
insister sur to insist on, to **em**phasize
installation the setting-up
installations *(locaux, matériel)* fa**ci**lities
instant (pour l'~) for the time being
instruire to educate *(!)*
instruit educated *(!)*
instrument an **im**plement
insuffisance in**a**dequacy
intégralement in full
intégration horizontale / verticale horizontal / vertical integration, merger
intenter un procès à qqn to sue [suː] s.o. at law
interactif interactive
intéressant attractive
intéressement des salariés profit sharing
intéresser à (s'~) to be interested in
intérêt de qqn (dans l'~) for s.o.'s sake
interface an **in**terface
intérim temping
intérim (faire de l'~) to temp
intérimaire *(faisant fonction)* acting
intérimaire a temporary worker
interphone an **in**tercom
interprète an in**ter**preter
interrogation à distance *(d'un répondeur)* remote playback
interrupteur a switch
intimider to intimidate
inutile useless
inviter qqn à to request s.o. to
isolement estrangement
italienne (à l'~) *(option d'impression)* landscape printing
italiques **i**talics
IUT a polytechnic *(!) GB*

jargon informatique computerese [kəm,pju:tə'ri:z]

«jaune» *(briseur de grève)* a strike breaker, a scab, a blackleg

jeu de caractères a font

jeune cadre a junior executive *(!)*

joindre *(contacter)* to join s.o., to get in touch with s.o.

joindre *(pièce)* to enclose, to attach

jour (à ~) up-to-date

jour (être à ~) to be up-to-date

jour (mettre à ~) *(données)* to update

jour (mettre à ~) *(matériel, logiciel)* to upgrade

jour de congé a day off

jour férié a holiday

jour férié légal a bank holiday *(!)*

jour ouvrable a work(ing) day

jours (sous 10 ~) within (10 days, etc.)

jugement (faire passer qqn en ~) to have s.o. tried

juriste a lawyer ['lɔ:jər]

jusqu'à *(suivi d'un nombre)* up to

jusqu'ici as yet

justifier *(texte, paragraphe)* to justify

justifier *(donner en justification)* to justify

laboratoire a laboratory

lacéreuse a shredding machine, a shredder

lainages woollens

laine cardée carded wool

laine peignée worsted ['wʊstɪd]

laminoir a rolling mill

lancement the launching

lancer *(un programme)* to launch ['lɔ:ntʃ]

lancer dans les affaires (se ~) to set / set / set up in business

lancer un mot d'ordre de grève to call a strike

large (au ~) offshore

lecteur de cartes perforées a card reader

lecteur de disquettes a disk drive

lecteur de microfiches a microform reader ['maɪkrəʊ,fɔ:m]

lecteur optique an Optical Character Reader, OCR

légèrement slightly

législation du travail the Labour Law *GB*

lettre capitale a capital letter

lettre de change a bill of exchange, b/e

lettre de crédit a letter of credit, l/c

lettre de crédit irrévocable an irrevocable letter of credit

lettre de relance a follow-up letter

lettre majuscule an upper case letter

lettre minuscule a lower case letter, a small letter

lettre par avion an airmail letter

lettre recommandée a registered letter

lettre renvoyée a returned letter

levée du courrier mail collection

lever la séance to leave / left / left the Chair, to vacate the Chair

lever le blocus to lift the blockade [blɒ'keid]

liasse de papier a bundle of paper, a file

libéré en attente de jugement (être ~) to be released pending trial

libre *(non occupé)* free

licencié pour raisons économiques redundant, laid off

licenciement pour raisons économiques a lay-off, a redundancy

licencier to fire, to dismiss, to discharge, to give the sack

licencier pour raisons économiques to lay / laid / laid off

lieu de (au ~) instead of

lieu d'émission the place of issue *(!)*

lieu de travail the work place

lieu sûr (en ~) in safe custody

ligne (en ~) on-line

ligne (être en ~) to be connected, to be on the line

ligne pointillée (-------) a dotted line

lingot an ingot
liquidateur a liquidator
liquidation winding-up
liquider une société to wind / wound / wound up [waɪnd]
listage a listing
livre d'or the Visitor's Book
livrer à une enquête (se ~) to investigate
location-bail leasing
locaux *(bâtiments et terrains)* **pre**mises *Pl* ['premɪsɪz]
logiciel(s) software
loi *(ratifiée)* an Act *(!)*
loi a law
loi sur les sociétés the Company Act *(!) GB*
lot a package
louer to rent

machine a machine
machine *(productrice d'énergie)* an engine
machine à adresser an addressing machine
machine à affranchir a franking machine, a stamping machine
machine à calculer a calculating machine
machine à cartes perforées a tabulator
machine à dicter a dictating machine
machine à écrire a typewriter
machine à écrire électronique an electronic typesetter
machine à vapeur a steam-engine
machines machinery
magnat a ty**coon** [taɪ'ku:n]
magnétophone a tape recorder
magnétoscope a video recorder
mailing *(faux anglicisme)* a mailing list
main-d'œuvre *(les travailleurs)* labour *(!)*, the labour force, the work force
main-d'œuvre *(ressource)* manpower
main-d'œuvre syndiquée organised labour
main-d'œuvre féminine female labour *(!)*
maîtriser to curb, to harness
majuscule capital letter
mal an **e**vil ['i:vəl], a scourge [skɜ:dʒ]
maladie professionnelle an occupational disease
maladie sickness
malaise social labour *(!)* unrest
mal comprendre, mal interpréter to misunderstand / misunderstood / misunderstood
malentendu a misunderstanding
malgré des**pite** [dəs'pəit], in spite of
mandat *(délégation)* a mandate, a commission
mandat *(moyen de paiement)* a money order
mandataire a representative, a proxy
manifester to demonstrate *(!)*
manifestant a demonstrator *(!)*
manifestation a demonstration *(!)*
manœuvre *(ouvrier)* a **la**bourer *(!)* ['leɪbərə[r]]
manœuvrer *(intriguer)* to ma**noeu**vre *GB*, ma**neu**vre *US* [mə'nu:və[r]]
marché du travail the job market, the labour market
marge a margin
marine marchande, marine de commerce the merchant navy, the merchant fleet
marqueur *(feutre)* a marker
marteler to hammer
masse salariale *(de l'entreprise)* the payroll
matériau a material *(!)*
matériel equipment *(!)*, hardware
matière *(d'enseignement)* a subject *(!)*
matières *(combustibles, fissiles, etc.)* materials *(!)*
mazout fuel oil [fju:l]
mécanicien a me**cha**nic
mécanique me**cha**nical
mécanisme a **me**chanism
mécontent dissatisfied
mécontentement discon**tent**, dissatisfaction
médiocre poor
membre a member
membre co-opté a co-opted member
membre de droit an ex(-)officio member

membre de la classe ouvrière a working-man

membre du comité de direction an executive member

membre du conseil d'administration a director

membre d'un syndicat a union *(!)* member

mémoire morte Read-Only Memory, ROM

mémoire-tampon a buffer, a spooler

mémoire vive Random Access Memory, RAM

memorandum a note

mener à bien une tâche to perform, to carry out a task

mensuel monthly

mention faite de qqch. a mention

mentionné ci-dessus above-mentioned

mentionner to mention, to state

mer (en ~) offshore

mériter qqch. to deserve sth.

message vocal a voice message

messagerie électronique electronic mail, E-mail ['i:meil]

Messieurs Messrs ['mesəz]

mesure de (en ~) in a position to

mesurer to measure

mesures measures, arrangements

mesures fiscales d'encouragement fiscal incentives

métaux non ferreux non-ferrous metals

méthane methane ['mi:θeɪn]

méthanier a methane tanker

métier *(en particulier manuel)* a trade, a craft

métier a career, a job, an occupation

métier à tisser a loom

meuble à tiroirs a cabinet

microfiche a **mi**crofiche ['maɪkrəʊfi:ʃ]

microfilm a **mi**crofilm ['maɪkrəʊfɪlm]

micro-ordinateur a **mi**cro-com**pu**ter ['maɪkrəʊkəm'pju:tə^r]

microprocesseur a **micro**p**ro**cessor ['maɪkrəʊ'prəʊsesə^r] a chip

milieu *(social, etc.)* the background

milliard a billion *US*

mine a mine

mine à ciel ouvert an open-cast mine

mine de charbon a **co**lliery

minerai ore

mineur a miner

mineur de charbon a collier

mini-ordinateur a mainframe (computer)

ministre des Postes et Télécommunications the Postmaster General *GB*

minorités ethniques ethnic minorities

mise à jour updating, upgrading

mise en page the layout

mise en place the setting-up

mission an assignment [ə'saɪnment]

mobilité mobility

modèle *(d'un document)* a **tem**plate ['templɪt]

modem *(MOdulateur-DEModulateur)* a **mo**dem (MOdulator-DEModulator) ['məʊdem]

moderniser to update, to upgrade

modifier *(texte, document)* to alter, to edit

module *(logiciel)* **chargeable** a load **mo**dule ['mɔdju:l]

moins (au ~) at least [,ət'li:st]

moment (en ce ~) at present

monde du travail **la**bour *(!)* ['leɪbə^r]

moniteur a **mo**nitor, a screen

monopole a mo**no**poly

monter *(mécanisme)* to assemble

monter *(s'accroître)* to rise / rose / risen

monter *(texte, document)* to alter, to edit

moratoire a mora**to**rium

mot de passe a password

moteur an engine

motion a motion, a resolution

motion de défiance a motion of no confidence

moule *(métallurgique)* a mould [məʊld]

moule *(pour gueuse)* a pig-bed

moulin a mill

mouvement de grève a strike action

mouvement de libération de la femme women's lib

mouvement syndical the union *(!)* movement

moyen *adj.* average
moyen *subst.* a means, *Pl* means
moyenne *subst.* an **a**verage
moyens d'existence the **li**velihood
multinationale a multinational
multitraitement multi**pro**cessing
mutation a transfer

navire a ship
nécessaire de nettoyage a cleaning kit
négociations collectives collective bargaining
négocier to bargain, to negotiate
net *(revenu, etc.)* net
n'importe quand at any time
niveau de vie the standard of living
nom de (au ~) on behalf of
nomination an appointment *(!)*
nommer qqn *(à un poste)* to appoint s.o. *(!)*
non-autorisé unauthorised
non qualifié unskilled
norme a standard
notaire a notary public, a solicitor *(approx.) (!)* GB
notation rating
note a note
note de gaz the gas-bill
noter to write / wrote / written down, to note
notice a pamphlet, instructions, a data sheet
numérique digital
numériser to digitize
numériseur a digitizer, a scanner
numéro sur liste rouge an unlisted number
«numéro vert» *(appel gratuit)* freephone, green number
nylon **ny**lon ['naılɔn]

objet *(d'une lettre)* Re [riː]
obligatoire com**pu**lsory
obligé à qqn de qqch. (être ~) to be obliged to s.o. for sth.
observateur an observer
observateur (être ~) to be in attendance
obsolète obsolete
obtenir l'accès to gain access, to get access
occasion an opportunity *(!)*
occupé *(téléphone)* engaged
octet *(8 bits)* a byte [baıt]
œuvre (mettre en ~) to **im**plement
officiel formal *(!)*
officieux, officieusement off the record, off record
offre a bid
offre publique d'achat, OPA a takeover bid
offres d'emploi *(nom de la rubrique)* Appointments Vacant, Situations Vacant
oisif **i**dle ['aıdəl]
oisiveté **i**dleness ['aıdəlnıs]
oléoduc a **pi**peline, an oil **pi**peline ['paıplaın]
omettre to omit
omission an omission
onde radio, onde hertzienne a radio wave
opérateur de saisie a keyboard operator
opposition (sans ~) nem. con., *latin :* nemine contradicente ; nem. diss., *latin :* nemine dissidente
opposition à un chèque (faire ~) to stop a cheque
ordinateur a com**pu**ter
ordinateur de bureau a desktop com**pu**ter
ordinateur individuel a personal com**pu**ter, PC
ordinateur portatif a laptop (com**pu**ter)
ordre ! (à l'~) chair! chair! *(!)*
ordre du jour d'une réunion the agenda *(!)*
ordres de prélèvements standing orders
organigramme a flow chart, an organisation chart
organiser une manifestation to stage a demonstration
orthographe spelling
où (d'~) *(par quoi)* where**by** [wɛər'baı]

outil a tool
outillage machinery

outils d'aide support tools

outre (en ~) furthermore, moreover, in addition, besides

ouvrage de qualité a piece of **crafts**manship

œuvre a work, an achievement

ouvrier *(en part. en extérieur)* a workman

ouvrier *(en part. sur une machine)* an **o**perative *US*, a worker *GB*

ouvrier agricole a farm hand, a **la**bourer *(!)* ['leɪbərəʳ]

ouvrier d'usine a factory hand

ouvrier professionnel a craftsman, a skilled worker

ouvrier spécialisé a semi-skilled worker

paiement à vue payment at sight

paiement comptant à la commande cash with order, cwo

paiement comptant à la livraison cash on delivery, cod

pancarte a sign

panne (en ~) out of order, broken down

panne d'électricité a blackout, a power failure

panneau d'affichage an information board, a notice board

PAO, Publication Assistée par Ordinateur desktop publishing

paperasserie red tape

papillon *(d'un document)* a rider

paragraphe a paragraph

paragraphe en retrait an indented paragraph

par an per annum, p.a.

parapher to initial

parenthèse a bracket, a parenthesis [pə'renθɪsɪs], *Pl* parentheses [–si:z]

par l'intermédiaire de through the **me**dium of ['mi:dɪəm], **vi**a ['vaɪə]

par procuration by proxy

par quoi where**by** [wɛə'baɪ]

parrainer un candidat to propose s.o.

par retour de courrier by return of post

part de (de la ~) on behalf of

partenaire a partner

participation aux bénéfices profit sharing

participation sous forme d'actions a stock-option scheme [ski:m]

participer aux bénéfices to share in the profits

partir à la retraite to re**ti**re *(!)* [rɪ'taɪəʳ]

part… d'autre part… (d'une ~) on (the) one hand… on the other hand…

passation d'écriture an entry

passer qqn *(communication)* to put / put / put s.o. through, to connect

passionnant exciting *(!)*

passionné d'informatique a computer buff, a computer nerd, a hacker

pâte à papier wood-pulp

paternalisme a **pa**tronizing attitude

pause a break

pause café a coffee break
pause thé a tea break

pause de midi the lunch break

pension d'invalidité a disa**bi**lity pension

pénurie a shortage

percée *(progrès)* a breakthrough

percer *(un puits)* to drill, to bore

perdant a loser

perdre son emploi to lose / lost / lost one's job

perfectionner to perfect, to improve
perfectionnement an improvement

période d'essai a probation period

périphérique a peripheral

permettre de to enable, to allow

personnel the staff

personnel (faire partie du ~) to be on the payroll, to be on the staff

personne nommée *(à un poste)* the appoin**tee** [əˌpɔɪn'ti:]

personne qui se porte garante a refe**ree** ['refə'ri:]

perspectives prospects

pèse-lettres a postal scale
petite caisse petty cash
pétrole oil
pétrole brut petroleum, crude oil
pétrolier a tanker
photocomposition filmsetting
photocopier to xerox, to photocopy
photocopieuse a copier, a photocopier, a xerox machine ['zɪərɒks]
pictogramme an icon ['aɪkɒn]
pièce *(détachée)* a part
pièce jointe an enclosure
pièces détachées, de rechange spare parts, component parts
pied de page a footer
piquet de grève (faire le ~) to picket
piquet de grève a picket-line, a strike pilket
piratage pirating, hacking
pirate a hacker
place de (à la ~) instead of
plaignant a complainant, a plaintiff
plaindre (se ~) to complain
plainte a complaint
plan a plan, a scheme [ski:m]
plan horaire a schedule ['ʃedju:l] *GB*, ['skedju:l] *US*
planification planning
plan pour l'emploi an employment scheme
«planter» (se ~) *(logiciel)* to crash
plaqué *(or, etc.)* plated
plaque d'identification an identity tag
plaque de sécurité a security badge
plaque métallique a plate
plastique plastic
plate-forme de forage a derrick, a drilling platform, a rig
plein emploi full employment
plieuse a folding machine
pli séparé (sous ~) under separate cover
plomb lead [led]
plomb (sans ~) *(essence)* unleaded [ʌn'ledɪd]
plus (de ~) in addition, furthermore, moreover, besides
plus (en ~) extra
plus tard (au ~) at the latest
point (.) a stop
point *(final)* **(.)** a period *US*, a full stop *GB*
point de fusion the melting point
point d'exclamation (!) an exclamation mark
point d'interrogation (?) a question mark
pointer *(à la sortie)* to check out, to clock out
pointer *(à l'entrée)* to check in, to clock in
pointeuse a time-clock
points de suspension (...) pause dots, points of suspension
point-virgule (;) a semicolon
poli courteous, polite
police anti-émeute the riot police
police de caractères a font
politique des revenus an incomes policy
polycopier to duplicate
ponctuation punctuation
ponctuel punctual, on time
porcelaine china *(!)*
poreux porous
porte (mettre à la ~) to sack
porter garant de (se ~) to vouch for [vaʊtʃ]
porter plainte to lodge, to make, to raise [reɪz] a complaint
porter préjudice to jeopardize ['dʒepədaɪz]
port série a serial port ['sɪərɪəl]
poser to lay / laid / laid
position «secret» the mute position
Poste the Post Office
poste *(situation)* a position
poste *(téléphonique)* an extension
poste (mettre à la ~) to post
poste aérienne air mail
poste de travail a workstation
poste restante general delivery *GB*, poste restante *US*
poste tremplin a ladder position
poste vacant a vacancy *(!)* ['veɪkənsɪ], a vacant position ['veɪkənt]

postuler un emploi to apply for a job

potasse potash

poursuivi (être ~) to be **pro**secuted, to be sued

poursuivre qqn en dommages et intérêts to sue [suː] s.o. for **da**mages ['dæmɪdʒɪz]

pourvoir un poste vacant to fill a **va**cancy *(!)*

poutre métallique a girder

pouvoir d'achat the **pur**chasing power *(!)*

pratique con**ve**nient, practical

pratiques discriminatoires discrimi**na**tory

préavis *(de grève)* an advance notice

préavis de licenciement a notice of dis**mi**ssal

précis definite, accurate

préjugés raciaux **ra**cial **pre**judices ['reɪʃəl] ['predʒʊdɪsɪz]

prélèvement automatique automatic debiting

prélever *(ressources)* to tap

prendre à soi-même (s'en ~) to blame oneself

prendre des dispositions pour qqch. to arrange sth., to make arrangements for sth.

prendre du retard to fall / fell / fallen behind

prendre en location-bail to lease

prendre en note to take / took / taken down

prendre en sténo to take in shorthand

prendre la parole to take the floor

prendre le contrôle to take over

prendre note de to write / wrote / written down, to note

prendre rendez-vous to make an appointment *(!)*

prendre un message, une communication to take a message

préoccupation concern *indén.*

préparatifs arrangements

préposé an officer *(!)*

préposé *(Postes)* a postman

présélectionner des candidats to screen applicants

présentation *(d'une personne)* an introduction

présentation *(disposition)* the layout

présentation d'une lettre avec alinéas, «à la française» a semi-blocked layout

présentation d'une lettre compacte, «à l'américaine» a fully-blocked layout

présenter (se ~) to identify oneself

présenter des excuses to offer apologies

présenter une motion to table a motion

préservation conservation *(!)*

préserver to conserve *(!)*, to save *(!)*

président (être élu ~) to be voted into the Chair

président the president

président(e) de séance the chairman, the chairwoman, the Chair

président-directeur général, PDG the chairman & managing director *GB*, president, chief executive officer *(!)*, CEO *US*

président du conseil d'administration the chairman of the board

présider to be in the Chair

présider une réunion to chair a meeting, to preside over a meeting

presse-papiers *(objet)* a paper weight

presse-papiers *(mémoire)* a clipboard

pression pressure *indén.* ['preʃə^r]

prestation maladie sick pay, sick benefit

prime a **bo**nus ['bəʊnəs], an al**low**ance

prime d'encouragement an in**cen**tive bonus

prime de danger danger money

prime de licenciement re**dun**dancy pay(ment), **se**verance pay

prime de vie chère a cost of living allowance

prise de contrôle a takeover

prise électrique femelle a socket

privatiser to **pri**vatise ['praɪvətaɪz]

prix *(coût)* a price

prix *(récompense)* a prize [praɪz], an award

problème *(sujet à controverse)* an **i**ssue *(!)* ['ɪʃuː]

procédé a de**vice**

procès a **tri**al ['traɪəl]

processus a process

procès-verbal the **mi**nutes *(!)* ['mɪnɪts]

procès-verbal approuvé à la majorité a majority report

procès-verbal approuvé par une minorité a minority report

prochain forthcoming

prochainement shortly

procuration a proxy

production the output

productivité par heure travaillée output per hour worked

productivité par homme-heure output per man-hour

productivité the output, productivity, the yield

produire to produce, to manufacture

produire *(électricité, énergie)* to generate

produire en masse to mass-produce

produit *(frais, alimentaire)* produce *indén.*

produit *(industriel, manufacturé)* a product

produit (mettre au point un ~) to develop a product *(!)*

produit de remplacement a substitute

produits alimentaires foodstuffs

produits chimiques chemicals

profession *(en particulier libérale)* a profession *(!)*

professionnel professional, occupational

programme a program *US*, a programme *GB*

programme (faire tourner un ~) to run / ran / run a programme

programmeur de travaux a job scheduler ['ʃedju:ləʳ] *GB*, ['skedju:ləʳ] *US*

progrès progress *indén.*, an advance, a development *(!)*, a breakthrough

projecteur de diapositives a slide projector

projet a plan, a scheme [ski:m]

projet de loi a Bill

projeter de to plan to

promesse a promise
promettre to promise ['prɒmɪs]

promotion promotion

promu (être ~) to be pro**mo**ted

proportionnellement à in proportion to

propos (à ~) inci**den**tally

propos de (à ~) re**fer**ring to

proposer de (se ~) to plan to

proposer une motion to move a resolution

proposition a proposal, a proposition, a motion, a resolution

prospection exploration

prospectus a pamphlet, instructions

protêt a protest

protocole d'accord a draft agreement

prudence caution

Publication Assistée par Ordinateur, PAO desktop publishing

publipostage a mailing list

«puce» *(circuit intégré)* an integrated circuit ['sɜ:kɪt], a chip

puits *(de mine)* a shaft, a pit

pupitreur a console operator

qualification a skill

qualité courrier letter quality

qualité du travail **crafts**manship, **work**manship

qualité totale *(méthode de management)* total quality control

question (en ~) in question

questions diverses *(à la fin d'un ordre du jour)* Any Other Business, AOB

questions soulevées matters arising

quinzaine a fortnight

quitter (ne pas ~) *(au téléphone)* to hold / held / held the line

quorum the **quo**rum ['kwɔ:rəm]

quota a **quo**ta ['kwəʊtə]

R

raccrocher *(le combiné)* to replace the receiver, to ring / rang / rung off

rachat a takeover, a buy-out

Rachat d'Entreprise par les Cadres avec Effet de Levier, RECEL a Leveraged Management Buy-Out, LMBO

Rachat d'Entreprise par les Salariés avec effet de levier, RES a Leveraged Buy-Out, LBO

racheter to take / took / taken over

racisme racial prejudice *(!)* ['reɪʃəl] ['predʒʊdɪs]

radio-téléphone a radiophone

raffiner to refine
raffinerie a refinery

raison de (en ~) due to, owing to, in consideration of

raison sociale d'une entreprise the style of a firm *GB*

ralentir to slow down

ralentissement a slowdown

rame de papier a ream [ri:m]

ranger de l'avis du président de séance (se ~) to support the Chair

ranger du côté de qqn (se ~) to side with s.o.

rappel a reminder

rappeler qqn *(au téléphone)* to ring / rang / rung s.o. back

rapport a report

rapport *(personnel)* a relationship

rapport *(proportion)* a ratio ['reɪʃɪəʊ]

rapportant à (se ~) referring to

rapports sociaux industrial relations

rare scarce
rareté scarcity

rassemblement a rally *(!)* ['rælɪ]

rattraper qqn to catch / caught / caught up with s.o.

réaffectation a resettlement

réalisation a work, an achievement

récemment lately

récépissé *(d'envoi recommandé)* a certificate of posting

récépissé an acknowledgement [ək'nɒlɪdʒment]

réception the reception (desk)

réceptionniste a receptionist

receveur des postes a postmaster

recevoir de l'avancement to be promoted

recherche research, an inquiry, an investigation

recherche d'un emploi job-hunting

recherche de l'information information retrieval

recherche et remplacement search and replace

rechercher du pétrole to prospect, to explore for oil

recherches exploration

réclamation a complaint

réclamer la parole to demand the floor

récompense a reward
récompenser to reward

Reconnaissance Optique des Caractères, ROC Optical Character Recognition, OCR

reconnaissance *(des mérites, etc.)* recognition

reconnaissance optique optical recognition

reconnaissant grateful

reconnaissant à qqn de qqch (être ~) to be grateful to s.o. for sth.

recourir à l'arbitrage to go to arbitration

recruter to recruit [rɪ'kru:t]
recrutement recruitment [rɪ'kru:tmənt]

recto face

recyclage retraining, upgrading

recycler (se ~) to retrain

recycler qqn to retrain s.o.

rédiger to draft

rédiger le procès-verbal d'une réunion to take / took / taken the minutes *(!)* of a meeting

redistribution du travail the redistribution of work

réduction *(d'un document, etc.)* reduction

réduire les effectifs to streamline

réfectoire a canteen

référence a reference

réfractaire fire-proof

réfrigérant a cooling agent

refroidir to cool

refuser un emploi to turn down a job

régime du mérite the merit system

registre des employés the payroll

registre des procès-verbaux, registre des délibérations the **mi**nute book ['minit]

registre des sociétés the Registrar of Companies

registre des visiteurs the Visitor's Book

règlement forfaitaire a lump sum settlement

règlement, réglementation a regulation *(!)*, a rule

régler un conflit to settle a dispute

régulier steady, regular

réhabilitation rehabilitation

relais *(équipe)* a shift

relativement com**pa**ratively

reliure a **bin**ding ['baɪndɪŋ]

remettre à plus tard to postpone

remettre à zéro *(mémoire, compteur, etc.)* to initialize, to clear

remettre sa démission to tender one's resignation *(!)*, to resign *(!)*

remplacer to replace

remplir les conditions requises pour qqch. to be eligible for

remplir un dossier de candidature to fill in an application *(!)* form *(!)*

remplir un imprimé to fill in / out a form *(!)*

rendement the output, productivity, the yield

rendez-vous an appointment *(!)*

rendre compte de (se ~) to be aware of, to realize

rendre qqn responsable de qqch. to blame sth. on s.o., to put the blame for sth. on s.o.

rendre visite à qqn to visit s.o.

renforcer les effectifs to beef up

renoncer à une revendication to drop a claim

renouvelable renewable [rɪ'nju:əbl]

renseignements information *indén.*

Renseignements *(le «12»)* Enq**ui**ries [en'kwaɪərɪz], Directory Enquiries

renseigner (se ~) to inquire

renvoi a discharge *(!)*, a dismissal

renvoyer qqn to dis**miss**, to dis**charge** *(!)* s.o., to give s.o. the sack, to fire s.o.

renvoyer sans préavis to dis**miss** without notice

réparer to repair
réparation a repair

répertoire an index book *(!)*, a di**rec**tory [dɪ'rektərɪ]
répertorier to index

répondeur an answering machine, an answer phone

répondre à to reply to

réponse à (en ~) in reply to

reporter to carry over

reprendre to take / took / taken over

représentant a representative

représentant de commerce a trade representative, a sales representative

représentant syndical a union *(!)* representative

reprocher qqch. à qqn to blame sth. on s.o., to put the blame for sth. on s.o.

réseau a network

réseau de distribution a grid

Réseau Numérique à Intégration de Services, RNIS *(«Numéris»)* Integrated Services Digital Network, ISDN

réserver le droit (se ~) to reserve the right

réserves *(constituées)* stockpiles

réserves *(énergie, etc.)* supplies

résigner à qqch. (se ~) to come to terms with sth.

résoudre un conflit to resolve a dispute

respect de soi-même self-esteem

respects (avec mes ~) with best regards

responsabilité lia**bi**lity [ˌlaɪə'bɪlɪtɪ], responsability

responsable *subst.* an officer *(!)*, a responsible person

responsable de budget an account executive

responsable syndical a union *(!)* official

ressources resources

rester en attente to be on hold, to hold / held / held the line

retard a delay *(!)*
retarder to delay *(!)*

retard (être en ~) to lag (behind)

retenue à la source a deduction from pay

réticent reluctant
réticence reluctance

réticent (être ~) to drag one's feet

retour chariot a carriage return

retraite *(situation)* retirement, pension *(!)*

retraité (être ~) to be retired *(!)*

retraite (mettre qqn à la ~) to retire s.o. *(!)*, to pension s.o. off

retraite anticipée early retirement

retraiter to reprocess

rétrograder *(hiérarchie)* to demote, to downgrade
rétrogradation a demotion

rétroprojecteur an overhead projector, OHP

réussir dans la vie to get on in life

révéler être (se ~) to prove (to be)

revendication a demand, a claim

revendiquer ses droits to claim one's rights

revenu an income

revenu brut the gross income

revenu disponible the disposable income

revenu net the net income

revenus earnings

réviser *(machine, moteur, etc.)* to **o**verhaul ['əʊvəhɔːl]

risque du métier an occupational **ha**zard *(!)*

rotation de la main-d'œuvre the turnover

routage mailing

ruban *(de machine à écrire)* a ribbon

ruban *(de téléscripteur, magnétique, etc.)* a tape

ruban adhésif sticky tape, "Sellotape"

rubrique *(base de données)* a field

rubrique a heading

saisie de données **da**ta capture, **da**ta input ['deɪtə]

saisir des données to input / input / input, to key in, to type in data

saisonnier **sea**sonal ['siːzənl]

salaire *(pour les non-manuels)* a salary

salaire a wage, wages

salaire minimum vital the minimum living wage

salaire net the take-home pay, the net salary

salaire supplémentaire a **pre**mium pay ['priːmɪəm]

salarié a wage-earner, a salaried employee

salle d'attente a waiting room

sanction pénale a penalty

santé health [helθ]

saper le moral de qqn to sap s.o.'s morale

satisfaire des revendications to meet / met / met a demand

sauf erreur ou omission errors and omissions excepted, EOE

saut de ligne line feed

saut de page form *(!)* feed, a page break

sauvegarder to save *(!)*, to back up

savant a scientist

savoir-faire know-how, skill

scander des slogans to chant *(!)* slogans

«Scotch» *(adhésif)* "Sellotape"

secondaire minor

secours (de ~) *(sauvegarde)* back up

secrétaire de direction an executive secretary

secrétaire de séance the **mi**nutes *(!)* secretary ['mɪnɪts]

secrétaire particulier / particulière the personal assistant, PA

secrétariat général the general office

secteur primaire the first sector, the primary sector

secteur secondaire the second sector, the secondary sector

secteur tertiaire the third sector, the **ter**tiary sector ['tɜːʃərɪ]

secteurs réservés aux hommes the male-dominated sphere ['sfiːəʳ]

section syndicale a branch *(!)*

sécurité safety

sécurité de l'emploi job security

sel gemme rock-salt

sel marin sea-salt

sélectionner des candidats to screen **a**pplicants

selon according to

semaine de 40 heures the 40-hour week

semaine de travail the working week

semaine réduite a short week

sensible à (être ~) to appreciate

sentir abandonné (se ~) to feel / felt / felt let down

série de négociations a round of talks

serveur *(télématique)* a server

service a department

service après-vente the after-sales department, the customer service department

service de comptabililité, services comptables the accounts department

service de l'approvisionnement the **pur**chasing department

service de l'entretien the **main**tenance department

service de livraison the de**li**very department

service des achats the **pur**chasing department

service des archives the **re**cord(s) department

service de sécurité the security department, the security police

service des émissions the capital issue *(!)* department

service des expéditions the dispatch department, the shipping department

service des exportations the export department

service des réclamations the claims department, the complaints department

service des ventes the sales department

service d'études et de recherches Research and Development *(!)*, R & D

service du budget the sta**tis**tics department

service du contentieux the legal department

service du matériel the equipment *(!)* department, the supply department

service du personnel the personnel department

service fournisseur the equipment *(!)* department, the supply department

service informatique the **da**ta processing department ['deɪtə]

service mécanographique the **da**ta processing department

services the services

service statistique the sta**tis**tics department

service technique the design *(!)* department, the engineering department

service vidéotex a **view**data service ['vjuːˌdeɪtə]

sexisme sex discrimination, sexism, male **chau**vinism ['ʃəʊvɪnɪzm]
sexiste a male chauvinist ['ʃəʊvɪnist]

si *(alternative)* whether

sidérurgie steelworks

siège social a head office, a registered office

signature a **si**gnature ['sɪgnətʃəʳ]

signer to sign

silicium silicon

sincèrement frankly

sine die sine die

situation a position

situation de crise a crunch *US*

société a company *GB*, a corporation *(!) US*

société anonyme a Public Limited Company, PLC

société à responsabilité limitée a private (limited) company

société de capitaux a joint-stock company

société de personnes a partnership

société d'État a state-owned company

société en commandite a limited partnership

société en nom collectif a general partnership

société nationalisée a state-owned company

société par actions a joint-stock company

soie silk

soins de (aux bons ~) c/o, care of

soins médicaux health care

sortie de données output

sortie imprimante a printout

sortir des données to output / output / output

souligner to underline, to outline, to highlight

soumettre à qqch. (se ~) to comply with sth., to conform to sth.

soumis aux lois du commerce subject to mercantile laws

souple versatile

souris a mouse

sous peu shortly

sous-comité a sub-co**mmi**ttee [–kə'mɪtɪ]

souscripteur the maker

sous-directeur an assistant manager, a deputy manager

sous-produit a by–product

sous-sol de la mer du Nord the North Sea bed

sous-traitant a subcontractor

soutenir une revendication to back up a claim

stable steady

stage *(de formation)* a training scheme [ski:m], a training period, a training course

stage *(période d'essai)* a probation period

stagiaire a probationer, a trai**nee** [treɪ'ni:]

standard téléphonique a switchboard, a Private (Automatic) Branch Exchange P(A)BX

standardiste an operator, a switchboard operator

station de travail a workstation

station-essence a filling-station

statistiques statistics, figures *(!)*

statutaire intra **vi**res ['ɪntrə'vaɪəri:z]

statuts d'une société a Memorandum of Association, M/A

statuts d'une société the Articles of Association, the Articles of Partnership

stencil a stencil

sténo-dactylo a shorthand typist

sténographie shorthand

stimuler to boost
  stimulant an incentive

stockage d'archives archival *(!)* storage ['ɑ:kaɪvəl]

stocker to store

stratifié stratified

stylo à bille a ballpoint pen

stylo feutre a felt pen, a felt tip

subir des insultes to suffer insults

substituer à to substitute for

subventionner to subsidise

succursale a branch *(!)*

suggérer to suggest
  suggestion a suggestion

suit (comme ~) as follows

supplément (en ~) extra

supprimer des emplois to eliminate jobs *(!)*

sûr *(système, etc.)* secure, reliable [rɪ'laɪbl]

sûr de soi self-confident *(!)*

sureffectifs (en ~) overstaffed

surgénérateur, surrégénérateur a breeder (reactor), a fast-breeder (reactor)

surligner to highlight, to underline, to outline
  surligneur a highlighter

surpris de (être ~) to be surprised at

surtout especially, mainly

surveillance médicale health care

surveiller to monitor, to check

sus (en ~) extra

suscription the form of address

syndic a liquidator

syndical union *(!)* GB, labor *(!)* US

syndicalisme unionism
  syndicaliste a unionist, a union *(!)* worker

syndicat a (labor) union *US*, trade(s)(-)union *GB*
syndicat de placement *(de marchandises)* a pool
synthèse a **syn**thesis ['sɪnθəsɪs], *Pl* **syn**theses [–si:z]
synthétiser to **syn**thesize ['sɪnθəsaɪz]
système a device
système d'aide à la décision a decision support system
système d'exploitation an operating system, OS
système videotex *(équivalent du «Minitel»)* Prestel *GB*

tableau a planner, a chart
tableau blanc a whiteboard
tableau de conférence a flip chart
table ronde *(négociation)* a round-table discussion
tableur a **spread**sheet ['spredʃi:t]
tâche de fond a background task
taille-crayons a sharpener
tampon a stamp
tampon en caoutchouc a rubber stamp
tampon encreur an ink pad, a stamp pad
tapis à souris a mouse pad
tapis roulant a moving belt, a conveyor belt
taquet de tabulation a tab
tarifs postaux postal rates
tarir (se ~) to dry up
taux a rate
taux de chômage the jobless rate
taxe de communication a call charge
taux d'escompte discount rate
taux en vigueur the going rate
technicien a tech**ni**cian, a **tech**nicist
technique a tech**nique**
technique de pointe high tech(nology)
technologies de l'information information technology
technologique technological
teinture a dye [daɪ]
télécommande remote control
téléconférence a teleconference
télécopie a fax, a facsimile
télécopieur a fax machine
télématique distributed data processing, telematics
télémessage a telemessage
téléphone à touches a press-button phone
téléphone de voiture a car-phone
téléphone sans fil a cordless phone
téléscripteur a teleprinter
télétexte teletext
télétravail à domicile telecommuting
télex a telex
télexer to télex
témoin de position *(à l'écran)* a prompt
temps (à ~) in time
temps (ces derniers ~) of late
temps à autre (de ~) occasionally
temps libre time off
temps partagé time-sharing
temps que (en même ~) together with
temps voulu (en ~) in due course [dju:]
tenir compte de to take / took / taken into consideration
tenir qqn au courant to let / let / let s.o. know
tension **pre**ssure ['preʃə^r] *indén.*, stress, strain
terminal d'ordinateur a computer terminal
terminaux de déchargement off-loading terminals
ticket restaurant a luncheon **vou**cher ['vaʊtʃə^r]
timbre a stamp
timbre dateur a dater
tirer une traite to draw / drew / drawn a bill
tiret (–) a dash
tireur the **draw**er ['drɔ:ə^r]
tiré the draw**ee** [drɔ:'i:]
tiroir a **drawer** ['drɔ:ə^r]
tisser to weave / wove / woven
tisserand a weaver
tissu a fabric *(!)*, a materiel *(!)*
titre gracieux (à ~) as a favour

titres *(qualifications)* credentials
titres de politesse forms of address
toiles de lin linen ['lɪnɪn]
tôle a plate
tomber en panne to break / broke / broken down
tonalité a dialling tone
touche a key
touché (être ~) to be hit (crise, chômage)
toucher l'allocation chômage to be on the dole, to sign on the dole
touche «secret» the mute key
tour de refroidissement a cooling tower
tour de rôle (à ~) alternately
tourbe peat
tourner to rotate
tous les quinze jours fortnightly
tous les mois monthly
tous les trois jours every third day
tous les trois mois every third month
tout cas (en ~) in any case
toute évidence (de ~) obviously
toute son attention one's best attention
traîner les pieds to drag one's feet
trait d'union (-) a hyphen ['haɪfən]
traite a draft
traite contre acceptation an acceptance bill
traite de complaisance an accommodation bill
traite documentaire a documentary draft
traitement processing, treatment
traitement de la parole voice processing
traitement de l'information information processing
traitement des données data processing [deɪtə] ['prəʊsesɪŋ]
traitement de texte a wordprocessor
traiter to process
tranche de revenus an income bracket, an income group
transiger sur qqch. to compromise over sth.
transmettre par téléscripteur to teleprint
transmettre un message to pass on a message
transmission transmission
transmission de données data transmission
transparent a transparency
travail work, labour *(!)*
travail administratif, travail de bureau clerical work *(!)*
travailler à temps complet to work full-time
travailler à temps partiel to work part-time
travailler au noir to moonlight
travailler en équipes to work in shifts
travailleur *adj.* hard-working, industrious
travailleur *(en part. dans l'industrie)* a worker
travailleur à domicile a homeworker
travailleurs indépendants the self-employed *nom coll.*
travaux publics public works
traverses de chemin de fer sleepers
trésorier the treasurer
tribunal a Court (of Justice)
tribunal des prud'hommes a Labor Court *US*
trier to sort
triple exemplaire (en ~) in triplicate
«trois-huit» the three-shift system
trombone a paper clip
troubles sociaux labour troubles
trust a combine *(!)* [kɒmbaɪn]
tuyau a pipe *(!)* [paɪp]

U

unanime unanimous
unanimité (à l'~) nem. con., nemine contradicente *(latin)* ; nem. diss., nemine dissidente *(latin)*
unité centrale a Central Processing Unit, CPU
unité de contrôle a control unit
unité de stockage a storage unit
usine a factory, a plant *(!)*, a works
usine à gaz a gas-works
usine de tissage a weaving mill

utilisation use

utilitaires *(logiciels)* tools

V/Réf., N/Réf. Your ref. / Our ref.

vacances holiday(s)

vague de grèves a rash of strikes

valeur (mettre en ~) to highlight, to outline, to underline

valeur (sans ~) worthless

valeur ajoutée (à ~) value-added

vapeur steam

véhicule a vehicle

véhicule de société a company car

veine *(filon)* a seam

vendeur / vendeuse a sales clerk *US*, a salesperson *GB*

venir (à ~) forthcoming

venir à échéance to come to maturity

venir à manquer de qqch. to run out of sth.

vérificateur orthographique a spellchecker

vérifier to check

verser to pour

verso (au ~) at the back, overleaf

veuillez répondre kindly answer

veuillez trouver ci-joint please find enclosed

via via ['vaɪə], through the **me**dium of ['miːdɪəm]

vice de fabrication a fault

vice-président the vice president

vice-président(e) de séance the deputy Chair, the vice Chair

victime de discrimination (être ~) to be dis**cri**minated against

vidéodisque a video disc

vidéophone a videophone, a picturephone

vidéotex diffusé teletext

vigueur (être en ~) to be in force *(!)*, to be in effect

virgule a comma (,)

viscose viscose

visiophone a picturephone, a videophone

visualiser to display

voiture de fonction a company car

voix prépondérante *(accordée au président d'une assemblée quand les avis sont également partagés)* a casting vote

vote à bulletin secret a secret ballot

vote à main levée a vote by show of hands

voter une loi to pass *(!)* a Bill

Vocabulaire des spécialités

Au bureau 78
Bureautique 82
Chômage 90
Communication et rendez-vous 94
Conditions de travail 96
Correspondance commerciale 102
Énergie et ressources 112
Formation professionnelle et carrières 117
Industries 123
Organisation de l'entreprise 132
Paiements 138
Rapports sociaux 140
Réunions et conférences 148
Télécommunications 152

Au bureau
The secretarial office

A-C

	accessories	accessoires
	air conditioning	climatisation
a	**ballpoint pen**	stylo à bille
a	**binding** ['baındiŋ]	reliure
a	**blotter**	buvard
a	**box-file**	boîte de classement
a	**bundle of paper**	liasse de papiers
a	**cabinet**	meuble à tiroirs
a	**canteen**	cantine, réfectoire
a	**carbon sheet**	feuille de papier carbone
a	**card**	fiche
to	**card**	mettre en / sur fiche
a	**card index**	fichier
a	**cartridge**	cartouche
a	**clip**	agrafe
to	**clip**	agrafer
a	**closet**	armoire
a	**copier** ['kɒpıəʳ]	photocopieuse

D-G

a	**dater**	timbre dateur
a	**desk**	bureau
a	**diary** ['daıərı]	**1.** agenda **2.** carnet de rendez-vous
a	**dictating machine**	machine à dicter
a	**directory** [dı'rektərı]	annuaire, répertoire
a	**docket**	**1.** bordereau **2.** étiquette **3.** extrait
to	**docket**	étiqueter, classer
a	**draft**	**1.** brouillon, avant-projet **2.** traite
to	**draft**	rédiger, faire un brouillon

a	**drawer** [drɔːəʳ]	tiroir
to	**duplicate**	établir un double, polycopier
an	**entry**	passation d'écriture
an	**envelope**	enveloppe
an	**envelope-file**	chemise cartonnée
an	**eraser**	**1.** gomme **2.** effaceur
a	**felt pen, a felt tip**	stylo feutre
a	**file**	**1.** fichier **2.** dossier **3.** liasse de papiers
a	**filing cabinet**	fichier, classeur (meuble)
a	**folder**	chemise, dossier
to	**frank**	affranchir
a	**franking machine**	machine à affranchir

a	**hanging-file**	dossier suspendu
to	**highlight**	surligner, mettre en valeur
a	**highlighter**	surligneur
an	**index book** *(!)*	répertoire
an	**index-file**	classeur
an	**information board, a notice board**	panneau d'affichage
to	**initial**	parapher
	ink	encre
an	**ink pad**	tampon encreur
an	**item**	article, élément (d'une liste)
an	**intercom**	interphone

a	**jacket** *(!)*	chemise
a	**key**	touche
a	**keyboard**	clavier
	leasing	location-bail
to	**lease**	prendre en location-bail
	literature *(!)*	documentation

M-R

a	**marker**	marqueur (feutre)
a	**microfiche** ['maɪkrəʊfi:ʃ]	microfiche
a	**microfilm** ['maɪkrəʊfɪlm]	microfilm
a	**paper clip**	trombone
a	**paper weight**	presse-papier
a	**partition**	cloison
a	**pencil**	crayon
	petty cash	petite caisse
a	**planner**	tableau
a	**pool**	**1.** groupe de travail **2.** fonds communs **3.** syndicat de placement (de marchandises)
	postage	affranchissement
a	**postal scale**	pèse-lettres
	punched cards	cartes perforées
a	**rack**	classeur (pour les lettres)
a	**radiopaging system**	appareil de télécommunication mobile (type «Alphapage»)
a	**ream** [ri:m]	rame de papier
a	**receptionist**	réceptionniste
to	**record**	enregistrer
	red tape	paperasserie
to	**rent**	louer
a	**ribbon**	ruban (de machine à écrire)
a	**rubber**	gomme
a	**rubber stamp**	tampon de caoutchouc

S-X

a	**safe**	coffre
to	**seal**	cacheter
	Sellotape	«Scotch», ruban adhésif
a	**sharpener**	taille-crayons
	shelves	rayonnages
	shorthand	sténographie
a	**shorthand typist**	sténo-dactylo
a	**shredding machine, a shredder**	destructeur de documents, lacéreuse
a	**stamp pad**	tampon encreur

a	**stamping machine**	machine à affranchir
to	**staple**	agrafer
a	**stapler**	agrafeuse
	stationery	fournitures de bureau, papeterie
a	**stencil**	stencil
	sticky tape	ruban adhésif
a	**supplier**	fournisseur
a	**swivel chair**	chaise tournante
a	**tabulator**	machine à cartes perforées
to	**take / took / taken down**	prendre en note
a	**tape**	ruban (de téléscripteur, magnétique, etc.)
a	**tray**	corbeille (de rangement)
to	**type**	dactylographier
a	**typewriter**	machine à écrire
a	**vending machine**	distributeur (boissons, etc.)
a	**wastepaper basket**	corbeille à papier
a	**window envelope**	enveloppe à fenêtre
a	**writing pad**	bloc-notes
to	**xerox** ['zɪərɒks]	photocopier
a	**xerox machine**	photocopieuse

Bureautique
Office automation

A-B

an	**answering machine**	répondeur
an	**appliance** [ə'plaɪəns]	appareil dispositif
	archival *(!)* **storage** ['ɑːkaɪvəl]	stockage d'archives
a	**background task**	tâche de fond
	back up	de secours
a	**backup**	copie de sauvegarde
to	**backup**	effectuer une copie de sauvegarde
a	**bar chart**	graphique à barres, histogramme
a	**bit, Binary digIT**	bit (chiffre binaire)
a	**bleeper**	«beeper» *(faux anglicisme)*
	bold type	caractères gras
to	**break / broke / broken down**	tomber en panne
a	**buffer**	mémoire-tampon
a	**bug**	défaillance logicielle
a	**byte** [baɪt]	octet (= 8 bits)

C

a	**calculating machine**	machine à calculer
a	**card reader**	lecteur de cartes perforées
a	**car-phone**	téléphone de voiture
a	**carriage return**	retour chariot
a	**cartridge**	cartouche
a	**Central Processing Unit, CPU**	unité centrale
a	**chip**	circuit intégré, «puce»
a	**cleaning kit**	nécessaire de nettoyage
a	**clipboard**	presse-papier (mémoire)
to	**clear**	effacer, remettre à zéro (mémoire)
a	**code**	code
	compatible	compatible
a	**computer**	ordinateur
a	**computer buff, a computer nerd**	passionné d'informatique
	computerese [kəm,pjuːtə'riːz]	jargon informatique

	computer graphics	l'infographie
the	**computer is down**	l'ordinateur ne fonctionne pas
the	**computer is up**	l'ordinateur fonctionne
	computer science	l'informatique
a	**computer terminal**	terminal d'ordinateur
a	**console operator**	pupitreur
a	**control unit**	unité de contrôle
a	**copier**	photocopieuse
to	**crash**	tomber en panne, «se planter» (logiciel)
a	**cursor**	curseur

a	**daisy-wheel printer**	imprimante à marguerite, qualité courrier
a	**data bank** ['deɪtə]	banque de données
a	**data base**	base de données
a	**database management system**	gestion de base de données, SGBD
	data capture, data input	saisie de données
	data processing	traitement des données, informatique
a	**decision support system**	système d'aide à la décision
to	**delete** [dɪ'li:t]	effacer, supprimer
a	**desk-calculator**	calculette
a	**desktop computer**	ordinateur de bureau
	desktop publishing	Publication Assistée par Ordinateur, PAO
a	**device**	**1.** appareil **2.** système, procédé, dispositif
a	**Dictaphone**	Dictaphone
a	**dictation**	dictée
a	**digit**	chiffre, caractère
	digital	numérique
to	**digitize**	numériser
a	**directory** [dɪ'rektərɪ]	annuaire, répertoire
a	**disk drive**	lecteur de disquettes
a	**disk operating system**	système d'exploitation
to	**display**	afficher, visualiser
	distributed data processing	télématique
a	**dot-matrix printer**	imprimante à aiguilles, matricielle
	double-sided copying	copie recto-verso (par une photocopieuse)
a	**DP (data processing) specialist**	informaticien

E-F

to	**edit**	modifier, monter (texte, document)
	Electronic Data Interchange, EDI	Échange de Documents informatisés, EDI
	electronic filing ['faɪlɪŋ]	archivage électronique
	electronic mail	messagerie, boîte aux lettres électronique
	electronic support	aide électronique
an	**electronic typesetter**	machine à écrire électronique
	E-mail ['iːmeɪl]	messagerie électronique
	enlargement	agrandissement (d'un document, etc.)
	ergonomics	ergonomie
a	**fax, a facsimile**	télécopie
a	**fax machine**	télécopieur
to	**feed / fed / fed**	alimenter
a	**field**	champ, rubrique (base de données)
a	**file**	**1.** fichier **2.** dossier
	filmsetting	photocomposition
a	**flatfile database**	gestion de fichiers
a	**floppy (disk)**	disquette
a	**flow chart**	organigramme
a	**font**	jeu, police de caractères
a	**footer**	pied de page
	form feed	saut de page
a	**fuse**	fusible

G-I

to	**gain access, to get access**	obtenir l'accès
	graphics	graphisme
a	**hacker**	**1.** passionné d'informatique **2.** pirate
a	**hard disk**	disque dur
	hardware	matériel
a	**header**	en-tête
an	**icon** ['aɪkɒn]	icône, pictogramme
an	**indentation**	alinéa
to	**index**	répertorier
	indexed	indexé
	information processing	traitement de l'information, informatique
	information retrieval	recherche de l'information

	information technology	technologies de l'information
to	**initialize**	redémarrer, remettre à zéro
an	**inkjet printer**	imprimante à jet d'encre
	input	entrée (de données)
to	**input / input / input**	entrer, saisir (des informations)
to	**insert**	insérer
an	**integrated circuit** ['sɜːkɪt]	circuit intégré
	interactive	interactif
an	**interface**	interface
	italics	italiques

J-L

a	**job scheduler** ['ʃedjuːləʳ] *GB*, ['skedjuːləʳ] *US*	programmeur de travaux
to	**justify**	justifier (texte, paragraphe)
a	**key**	touche
a	**keyboard**	clavier
a	**keyboard operator**	claviste, opérateur de saisie
to	**key in data**	saisir des données
a	**label**	étiquette
a	**laptop (computer)**	ordinateur portatif
a	**laser printer**	imprimante à laser
to	**launch** [lɔːntʃ]	lancer (un programme)
the	**layout**	mise en page, disposition, présentation
a	**light pen**	crayon optique
a	**line chart**	courbe
	line feed	saut de ligne
to	**list**	établir une liste
a	**listing**	listage
to	**load**	charger (en mémoire, etc.)
a	**load module** ['mɒdjuːl]	module (logiciel) chargeable

M-O

a	**magnetic tape**	bande, ruban magnétique
a	**mailing list**	publipostage, mailing (faux anglicisme)
a	**mainframe (computer)**	(mini-)ordinateur, ordinateur central
a	**margin**	marge
to	**merge**	fusionner (fichiers)
a	**micro-computer** ['maɪkrəʊ kəm'pjuːtəʳ]	micro-ordinateur

a	**microform reader** ['maɪkrəʊfɔːm]	lecteur de microfiches
a	**microprocessor** ['maɪkrəʊ'prəʊsesə^{r}]	microprocesseur
a	**modem (MOdulator-DEModulator)** ['məʊdəm]	modem (MOdulateur-DEModulateur)
a	**monitor**	moniteur, écran de contrôle
to	**monitor**	contrôler, surveiller
a	**mouse**	souris
a	**mouse pad**	tapis à souris
a	**multi-function workstation**	poste de travail multifonction
	multiprocessing	multitraitement
a	**network**	réseau
	office automation, OA	bureautique
	off-line	autonome
	on-line	en ligne
an	**operating system, OS**	système d'exploitation
an	**operator**	standardiste
an	**Optical Character Reader, OCR**	lecteur optique
	Optical Character Recognition, OCR	Reconnaissance Optique des Caractères, ROC
an	**optical fibre** ['faibə^{r}]	fibre optique
	optical recognition	reconnaissance optique
	output	sortie de données
to	**output / output / output**	sortir des données
to	**overhaul** ['əʊvəhɔːl]	réviser, mettre en état (machine, moteur, etc.)
an	**overhead projector, OHP**	rétroprojecteur

P

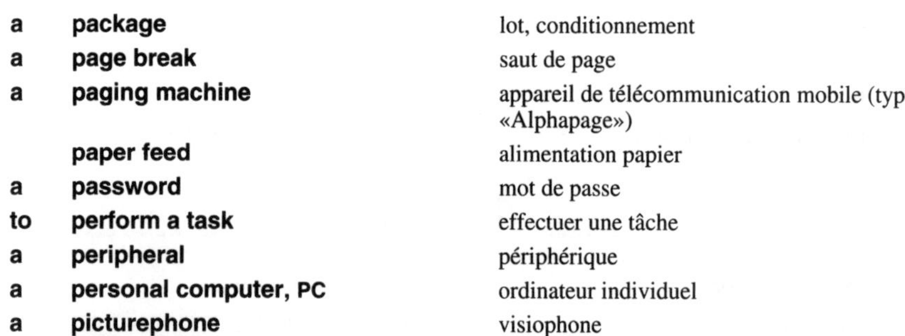

a	**package**	lot, conditionnement
a	**page break**	saut de page
a	**paging machine**	appareil de télécommunication mobile (type «Alphapage»)
	paper feed	alimentation papier
a	**password**	mot de passe
to	**perform a task**	effectuer une tâche
a	**peripheral**	périphérique
a	**personal computer, PC**	ordinateur individuel
a	**picturephone**	visiophone
a	**pie chart** [paɪ]	graphique à secteurs, «camembert»
	pirating	piratage, copie illégale
a	**plug**	fiche électrique mâle
a	**pocket calculator**	calculatrice de poche

a	**pointer**	curseur
a	**photocopier**	photocopieuse
the	**power supply**	courant, alimentation électrique
	Prestel *GB*	système videotex britannique, équivaut au «Minitel»
to	**print**	imprimer
a	**printer**	imprimante
a	**printout**	sortie imprimante
a	**Private Automatic Branch Exchange, PABX**	standard téléphonique
a	**Private Branch Exchange, PBX**	standard téléphonique
a	**program** *US*, **a programme** *GB*	programme
a	**prompt**	indicatif, témoin de position
a	**punch(ed) card**	carte perforée

a	**radiopaging system**	appareil de télécommunication mobile (type «Alphapage»)
a	**radiophone**	radio-téléphone
	RAM, Random Access Memory	mémoire vive
a	**record**	enregistrement, fiche (base de données)
	reduction	réduction (d'un document, etc.)
	reliable [rɪ'laɪəbl]	sûr, fiable
	remote control	télécommande
	remote playback	interrogation à distance (d'un répondeur)
to	**reset / reset / reset**	redémarrer, initialiser (un ordinateur)
to	**retrieve information**	extraire, collecter des informations
	ROM, Read-Only Memory	mémoire morte
to	**run / ran / run a programme**	faire tourner un programme

to	**save**	sauvegarder
a	**scanner**	numériseur
a	**schedule** ['ʃedju:l] *GB*, ['skedju:l] *US*	plan horaire
a	**screen**	écran
to	**scroll**	faire défiler (du texte)
	search and replace	recherche et remplacement
	secure	sûr (système, etc.)
a	**serial port** ['sɪərɪəl]	port série
a	**server**	serveur

to	**set up**	configurer
	silicon	silicium
a	**size**	corps (d'une police de caractères)
a	**socket**	prise électrique femelle
	software	logiciel(s)
a	**specification**	caractéristique (technique)
a	**spellchecker**	vérificateur d'orthographe
a	**spooler**	mémoire-tampon
a	**spreadsheet** ['spredʃiːt]	tableur
	static	électricité statique
a	**storage unit**	unité de stockage
a	**style**	attribut (d'une police de caractères)
	support tools	outils d'aide
a	**switch**	**1.** interrupteur **2.** connecteur
a	**switchboard**	standard téléphonique

a	**tab**	taquet de tabulation
a	**tape recorder**	magnétophone
	telecommuting	télétravail à domicile
a	**teleconference**	téléconférence
a	**telemessage**	télémessage
a	**telex**	télex
a	**template** ['templɪt]	modèle, gabarit
	time-sharing	temps partagé
a	**tool-kit, a tool-box**	boîte à outils
	tools	utilitaires (logiciels)
	tractor feed	entraînement par picots
	transmission	transmission
to	**type in data**	saisir des données
	typesetting	composition

to	**underline**	souligner
to	**update**	mettre à jour (données)
to	**upgrade**	mettre à jour (matériel, logiciel)
	use	utilisation
	user-friendliness	convivialité
	user-friendly	convivial, facile d'utilisation

a	**VDU, Video Display Unit**	écran de contrôle, console d'affichage
	versatile	souple, à usage multiples
a	**video disc**	vidéodisque
a	**video recorder**	magnétoscope
a	**voice message**	message vocal
	voice processing	traitement de la parole
a	**wordprocessor**	traitement de texte
a	**workstation**	**1.** poste de travail **2.** station de travail
	WYSIWYG (What You See Is What you get)	visualisation à l'écran = sortie imprimante

Chômage
Unemployment

A-C

	anger	colère
an	**applicant**	candidat, demandeur
an	**application** *(!)*	candidature
to	**apply for a job**	postuler un emploi
an	**appointment** *(!)*	**1.** nomination **2.** rendez-vous
	appointments vacant	offres d'emploi (nom de la rubrique)
to	**appoint s.o.** *(!)*	nommer qqn
a	**behaviour** [bɪ'heɪvjəʳ]	comportement
to	**blame oneself**	s'accuser, s'en prendre à soi-même
	compensation	indemnités
to	**cope with sth.**	faire face, être à la hauteur de qqch.
	corporate planning	action concertée (au niveau de l'entreprise)
to	**curb**	maîtriser, contenir
a	**curriculum vitae**	curriculum vitae
	cut off from sth. (to be ~)	être coupé de qqch.
a	**CV** [si:vi:]	curriculum vitae, CV

D-E

	dejected	abattu, las
	dejection	abattement
	demoralising	démoralisant
to	**deserve sth.**	mériter qqch.
	devised (to be ~)	être conçu
	disbelief	incrédulité
a	**discharge** *(!)*	renvoi, congédiement
to	**discharge s.o.** *(!)*	congédier, renvoyer qqn
to	**dismiss**	renvoyer
a	**dismissal**	renvoi
the	**dole**	allocation de chômage
the	**dole (to be / go on ~)**	émarger à l'ASSEDIC, à l'ANPE, toucher l'allocation chômage

	early retirement	retraite anticipée
to	**eliminate jobs**	supprimer des emplois
	employment	emploi, embauche
an	**employment agency**	bureau, agence de placement
an	**employment scheme** [ski:m]	plan pour l'emploi
to	**enforce the law**	appliquer la loi
to	**engage s.o.**	embaucher, engager qqn
	estrangement	isolement
an	**evil** ['i:vl]	mal, fléau
to	**experience difficulties**	se heurter à des difficultés

F-G

	fear	peur, crainte
to	**feel / felt / felt let down**	se sentir abandonné
a	**feeling of rejection**	sentiment d'être rejeté
	figures *(!)*	chiffres, statistiques
to	**fill a vacancy** *(!)*	pourvoir un poste vacant
to	**fill in an application form**	remplir un dossier de candidature
to	**fire**	renvoyer, licencier
	fiscal incentives	mesures fiscales d'encouragement
a	**fixed term work contract**	contrat de travail à durée déterminée
	force (to be in ~) *(!)*	être en vigueur
a	**form** *(!)*	formulaire
	full employment	plein emploi
to	**get the boot, to get the kick, to get the sack**	se faire envoyer, se faire mettre à la porte
to	**give in one's notice**	démissionner, donner son préavis
to	**give s.o. the sack**	renvoyer qqn, mettre qqn à la porte
a	**grievance** ['gri:vəns]	grief, doléance

H-L

to	**hire** [haɪəʳ]	engager, embaucher
	hit (to be ~)	être touché, frappé (crise, chômage)
to	**hunt for a job**	chercher un emploi
	idle ['aɪdl]	oisif
	idleness ['aɪdlnɪs]	oisiveté
to	**induce to**	inciter à, pousser à
a	**job (to be out of ~), out of work**	être sans emploi
a	**Job Centre** *GB*	agence de l'ANPE *FR*

	job creation	création d'emploi
	job guarantee	garantie de l'emploi
	job-hunting	recherche d'un emploi
the	**jobless** *nom coll.*	les sans-emploi
	jobless (to be ~)	être sans emploi
	jobless benefits	allocation de chômage
the	**jobless rate**	taux de chômage
	joblessness	chômage
the	**job market**	marché du travail
the	**Labour Exchange**	Bourse du Travail
the	**labour market**	marché du travail
to	**lay / laid / laid off**	licencier pour raisons économiques
a	**lay-off**	licenciement pour raisons économiques
to	**lose / lost / lost one's job**	perdre son emploi
a	**loser**	perdant
a	**lump sum settlement**	règlement forfaitaire

a	**notice of dismissal**	préavis de licenciement
a	**notice period**	délai de préavis
	overstaffed	en sureffectifs
	overstaffing	excédent de personnel
a	**package**	ensemble de mesures
a	**Personal History**	curriculum vitae, CV
	pressure ['preʃəʳ] *indén.*	pression, tension
to	**quit / quit / quit**	démissionner
	rage	colère
a	**rate**	taux
the	**redistribution of work**	redistribution du travail
a	**redundancy**	licenciement économique
	redundancy pay(ment), **severance pay**	indemnité, prime de licenciement
	redundant	licencié pour raisons économiques
a	**referee** [ˌrefə'riː]	personne qui se porte garante
the	**requisites** ['rekwɪzɪt]	conditions requises
a	**resettlement**	réaffectation
to	**resign** *(!)*	démissionner
a	**resignation** *(!)*	démission
a	**résumé** *(!)*	curriculum vitae, CV
	retraining	recyclage

to	**sap s.o.'s morale**	saper le moral de qqn
a	**scourge** [skɜːdʒ]	fléau
to	**screen applicants**	sélectionner les candidats
to	**search for a job**	chercher un emploi
	self-confidence	confiance en soi
	self-esteem	respect de soi-même
	severance pay	indemnité, prime de licenciement
to	**sign on the dole**	émarger à l'ASSEDIC, à l'ANPE, toucher l'allocation chômage
	strain	fatigue, tension
	stress	fatigue, tension
to	**take on s.o.**	embaucher, engager qqn
to	**tender one's resignation**	remettre sa démission
	termination	cessation
a	**training scheme** [skiːm]	stage de formation
to	**turn down a job**	refuser un emploi
the	**unemployed** *nom coll.*	les chômeurs
	unemployed (to be ~)	être au chômage
	unemployment	chômage
	useless	inutile
a	**vacancy** *(!)*, **a vacant position** ['veɪkənsɪ]	poste vacant
	worthless	sans valeur
	youth unemployment	chômage des jeunes

Communication et rendez-vous
Messages & appointments

A-L

	accurate	exact, précis
an	**appliance** [ə'plaɪəns]	appareil, dispositif
an	**appointment** *(!)*	**1.** nomination **2.** rendez-vous
to	**arrange sth.**	prendre des dispositions pour qqch.
	arrangements	mesures, préparatifs
	convenience (at your earliest ~)	à votre meilleure convenance, dès que possible
	away (to be ~)	être absent, parti
a	**business card**	carte de visite professionnelle
to	**check**	vérifier
a	**closed-circuit television network** [–'sɜːkɪt]	circuit fermé de télévision
	convenient	pratique, commode
	correctness	correction, exactitude
to	**correspond to, with**	correspondre à, avec
a	**date**	**1.** date **2.** rendez-vous (galant)
to	**dial a number** ['daɪəl]	composer un numéro
a	**directory** [dɪ'rektərɪ]	annuaire, répertoire
	engaged	occupé (téléphone)
to	**fill in / out a form**	remplir un imprimé
	free	libre (non occupé)
to	**give / gave / given a message**	faire une commission
to	**hold / held / held the line**	ne pas quitter, rester en attente (au téléphone)
to	**identify oneself**	se présenter
an	**identity tag**	plaque d'identification
an	**incidental visitor**	visiteur imprévu
an	**index**	index, répertoire
to	**inform**	informer
	information *indén.*	des renseignements
an	**interpreter**	interprète
a	**label**	étiquette

to	**let / let / let s.o. know**	tenir qqn au courant
to	**look up**	chercher (dans un répertoire, un dictionnaire, etc.)

M-W

a	**magnetic identification card**	carte d'identité magnétique
a	**mailing list**	publipostage, mailing (faux anglicisme)
to	**make an appointment**	prendre rendez-vous
to	**make arrangements**	prendre des dispositions pour qqch.
a	**mention**	mention faite de qqch.
to	**mention**	mentionner, faire état de
to	**note**	noter, prendre note de
a	**note-pad**	bloc-notes
to	**pass on a message**	transmettre un message
a	**plan**	projet, plan
to	**plan**	projeter, se proposer de
the	**reception (desk)**	réception
a	**receptionist**	réceptionniste
a	**request**	demande
to	**request**	demander, inviter
	request of (at the ~)	à la demande de
to	**ring / rang / rung off**	raccrocher (le téléphone)
to	**ring s.o. back**	rappeler qqn (au téléphone)
	rude	impoli, grossier
a	**security badge**	plaque de sécurité
a	**security code**	code de sécurité
to	**sign**	signer
to	**state**	faire état de, décliner (nom, qualités)
to	**suggest**	suggérer, proposer
a	**suggestion**	suggestion
to	**suit** [suːt]	convenir
	suitable ['suːtəbl]	qui convient, convenable
to	**take / took / taken a message**	prendre un message, une communication
	unauthorised people	personnes non-autorisées
the	**Visitor's Book**	registre des visiteurs, livre d'or
to	**visit s.o.**	rendre visite à qqn
a	**waiting room**	salle d'attente
to	**write / wrote / written down**	noter, prendre note de

Conditions de travail
Working conditions

A-B

the	**40-hour week**	semaine de quarante heures
	absenteeism [,æbsən'tiːɪzm]	absentéisme
	accurate	exact, précis
an	**allowance**	allocation, prime
an	**assembly line**	chaîne de production, de montage
an	**atmosphere** *(!)*	ambiance, climat
	attractive	intéressant
	average	moyen
an	**average**	moyenne
an	**award**	prix (récompense)
to	**award sth.**	accorder, attribuer qqch. (en récompense)
a	**bank holiday** *(!)*	jour férié légal
	basic ['beɪsɪk]	fondamental
to	**behave**	se comporter
	behaviour [bɪ'heɪvjə^{r}]	comportement
	benefits	avantages
a	**blue-collar worker**	«col bleu»
a	**bonus** ['bəʊnəs]	prime
a	**break**	pause

C

a	**canteen**	cantine, réfectoire
a	**character reference** *(!)*	certificat de bonne moralité
to	**check in**	pointer (à l'entrée)
to	**check out**	pointer (à la sortie)
	child care facilities, child minding facilities	crèche, garderie
	cleaning	entretien, nettoyage
	clerical work *(!)*	travaux administratifs, travail de bureau
a	**clerk** *(!)* [klɑːk], [klɜːrk] *US*	employé de bureau
to	**clock in**	pointer (à l'entrée)
to	**clock out**	pointer (à la sortie)

a	**coffee break**	pause café
a	**company car**	voiture de fonction, véhicule de société
	compassionate leave *(!)*	congé pour convenance personnelle
a	**cost of living allowance**	prime de vie chère
	cover	couverture (sociale)

D-E

	danger money	prime de danger, prime de risques
a	**day off**	jour de congé
a	**dead end job**	travail sans perspectives d'avenir
a	**deduction from pay**	retenue à la source
the	**disposable income**	revenu disponible
	early retirement	retraite anticipée
to	**earn**	gagner (par son travail)
to	**earn a living**	gagner sa vie
	earnings	revenus
	efficiency [ɪ'fɪʃənsɪ]	efficacité
	efficient [ɪ'fɪʃənt]	efficace
an	**eight-hour shift**	équipe de huit heures
	eligible for sth. (to be ~) *(!)*	remplir les conditions requises pour qqch.
an	**employee** [ɪmplɔɪ'iː]	employé
an	**employer**	employeur
	engrossing	captivant
	entitled to sth. (to be ~)	avoir droit à qqch.
the	**environment** [ɪn'vaɪərənmənt]	cadre (de vie)
	ergonomics	ergonomie
	exciting *(!)*	passionnant
an	**executive**	**1.** cadre **2.** chef de service **3.** directeur, directrice
	exhausting	épuisant
	extra hours	heures supplémentaires

F-G

a	**factory**	usine
a	**figure** *(!)* ['fɪgəʳ]	chiffre
a	**fixed term work contract**	contrat de travail à durée déterminée
	flexitime	horaires variables
a	**foreman**	contremaître
	fringe benefits	avantages non intégrés au salaire

the	**going rate**	taux en vigueur
	goodwill	bonne volonté
the	**gross income**	revenu brut

H-I

a	**hazard** *(!)*	danger
	hazardous *(!)*	dangereux
	health [helθ]	santé
	health care	surveillance médicale, soins médicaux
a	**holiday**	jour férié
	holiday(s)	congé, vacances
a	**holiday with pay**	congés payés
a	**homeworker**	travailleur à domicile
	hourly	horaire
to	**improve**	améliorer
an	**improvement**	amélioration, perfectionnement
an	**incentive**	incitation, stimulant
an	**incentive bonus**	prime d'encouragement
an	**income**	revenu
an	**income bracket, group**	tranche de revenus
an	**incomes policy**	politique des revenus
an	**increase**	augmentation
to	**increase**	augmenter, accroître
an	**increment**	augmentation
an	**index,** *Pl* **indices** *(!)* ['ɪndɪsɪz]	indice
	index-linked	indexé
to	**induce to**	inciter à, pousser à
an	**industrial accident**	accident du travail
	input	apport

	job security	sécurité de l'emploi
a	**labourer** *(!)* ['leɪbərəʳ]	**1.** manœuvre **2.** ouvrier agricole
	leave	congé
a	**leave of absence**	absence d'autorité
the	**livelihood**	moyens d'existence
the	**lunch break**	pause de midi
a	**luncheon voucher** ['vaʊtʃəʳ]	ticket restaurant, chèque repas

M-O

	maternity leave	congé de maternité
a	**means,** *Pl* **means**	moyen
to	**measure**	mesurer
the	**minimum living wage**	salaire minimum vital
	monthly	mensuel
to	**moonlight**	travailler au noir
the	**net income**	revenu net
the	**night shift**	équipe de nuit
a	**nursery**	crèche, garderie
an	**occupational disease**	maladie professionnelle
an	**occupational hazard (!)**	risque du métier
	office hours	horaires de bureau
the	**output**	production
	output per hour worked	productivité par heure travaillée
	output per man-hour	productivité par homme-heure
	overstaffed	en sureffectifs
	overtime	heures supplémentaires
	overtime (to do ~)	faire des heures supplémentaires

P

a	**pace**	cadence
	paid leave	congés payés
	parental leave	congé parental
	paternity leave	congé de paternité
	pay restraint	encadrement des salaires
the	**payroll**	**1.** registre des employés **2.** masse salariale (de l'entreprise)
a	**pay slip**	bulletin de salaire
a	**pension** *(!)*	**1.** retraite **2.** pension
a	**pension scheme** *(!)* [ski:m]	caisse de retraite
to	**pension s.o. off**	mettre qqn à la retraite
	per annum, p.a.	par an
	perks, abréviation de perquisites	avantages divers
	perquisites ['pɜ:kwɪzɪts]	avantages divers
	premises *Pl (!)*	locaux, lieux (bâtiments et terrains)
a	**premium pay** ['pri:mɪəm]	salaire supplémentaire
a	**prize** [praɪz]	prix (récompense)
a	**production line**	chaîne de production

	productivity	productivité, rendement
	profit sharing	participation aux bénéfices, intéressement des salariés
	prospects	perspectives
the	**purchasing power** *(!)*	pouvoir d'achat

to	**raise** [reɪz]	élever, accroître
a	**rate**	taux
a	**ratio** ['reɪʃɪəʊ]	rapport (proportion)
	recognition	reconnaissance (des mérites, etc.)
a	**regulation** *(!)*	règlement, réglementation
a	**relationship**	rapport, relation (personnelle)
	relaxed	détendu
	reliable [rɪ'laɪəbl]	sûr, fiable
	reluctance	réticence
	reluctant	réticent
	resources	ressources
a	**reward**	récompense
to	**reward**	récompenser
to	**rise / rose / risen**	s'élever, monter
a	**rule**	règlement

S

	safety	sécurité
	salary	salaire (pour les non-manuels)
	seasonal ['si:zənəl]	saisonnier
a	**semi-skilled worker**	ouvrier spécialisé
	seniority	ancienneté
to	**share in the profits**	participer aux bénéfices
a	**shift**	équipe, relais
	shorter hours	horaire réduit
a	**short week**	semaine réduite
	sick pay, sick benefit	prestation maladie
	sickness	maladie
a	**skill**	**1.** savoir-faire **2.** compétence **3.** qualification
a	**skilled worker**	ouvrier qualifié, spécialisé, professionnel
to	**slow down**	ralentir
a	**slowdown**	ralentissement, baisse
the	**staff**	personnel

a	**standard**	norme
the	**standard of living**	niveau de vie
	statistics	statistiques
to	**step up production**	accroître la production
a	**stock-option scheme** [ski:m]	participation sous forme d'actions
	strain	fatigue, tension
	stress	fatigue, tension

T-V

the	**take-home pay**	salaire net
a	**tea break**	pause thé
	tedious ['ti:dɪəs]	ennuyeux
	tedium ['ti:dɪəm]	ennui
the	**three-shift system**	«trois-huit»
a	**time-card**	fiche de présence
a	**time-clock**	pointeuse, horodateur
	time off	congé, temps libre
a	**time-sheet**	feuille d'heures
a	**travelling allowance**	indemnités de déplacement
	travelling expenses	frais de déplacement
	value-added	valeur ajoutée

W-Y

a	**wage, wages**	salaire (en part. pour travailleurs manuels)
a	**wage-earner**	salarié
a	**wage-freeze**	gel, blocage des salaires
	weekly	hebdomadaire
a	**white collar worker**	«col blanc»
to	**win / won / won**	gagner
a	**work(ing) day**	jour ouvrable
to	**work full-time**	travailler à temps complet
	working conditions	conditions de travail
	working hours	heures de travail
the	**working week**	semaine de travail
to	**work in shifts**	travailler en équipes
to	**work long hours**	avoir une longue journée de travail
	workmen's compensation *GB*	assurance contre les accidents du travail
to	**work overtime**	faire des heures supplémentaires
to	**work part-time**	travailler à temps partiel
the	**work place**	lieu de travail
	yield ['ji:ld]	rendement, productivité

Correspondance commerciale
Business correspondence

	above-mentioned	mentionné ci-dessus
	accordance with (in ~)	conformément à
	accordingly	donc, en conséquence
	according to	selon
	accurate	exact, précis
an	**acknowledgement** [ək'nɒlɪdʒmənt]	accusé de réception, récépissé
to	**acknowledge receipt** [rɪ'si:t]	accuser réception
	addition (in ~)	de plus
an	**address**	adresse
to	**address**	adresser, écrire l'adresse
the	**addressee** [ˌædre'si:]	destinataire
an	**advice note**	avis d'expédition
	air mail	**1.** courrier par avion **2.** poste aérienne
to	**air mail**	envoyer par avion
	alternatively	comme autre possibilité
to	**apologise for sth.**	s'excuser de qqch.
an	**apology** *(!)*	excuse
to	**appoint a date**	fixer une date
to	**appreciate**	apprécier, être sensible à
	approximate, approx.	approximatif
to	**assure**	assurer, donner l'assurance que
	as to	en ce qui concerne
to	**attach**	attacher, joindre
	attention (one's best ~)	toute son attention
	attention of (for the ~)	à l'attention de
	available to s.o. (to make sth. ~)	mettre qqch. à la disposition de qqn
to	**avoid**	éviter
	avoidable	évitable
to	**await**	attendre
	aware of (to be ~)	se rendre compte de

	back (at the ~)	au verso
	beforehand	à l'avance
	behalf of (on ~)	de la part de, au nom de
	below	en dessous (de), ci-dessous
	besides	en outre, outre que
the	**body of a letter**	corps d'une lettre
	bold	en caractères gras
	brackets	parenthèses
	by return of post	par retour de courrier

	c/o, care of	aux bons soins de
to	**cancel**	annuler
a	**cancellation**	annulation
	capital A	A majuscule
a	**capital letter**	lettre capitale
	capitals (in ~)	en capitales d'imprimerie
	case (in ~)	au cas où
	case (in any ~)	en tout cas
	current use (in ~)	d'un emploi habituel
a	**cause**	cause, raison
to	**cause**	causer, faire (en sorte) que
	caution	prudence
a	**certainty**	certitude
a	**close**	fin, formule finale
to	**close**	clore, terminer
a	**colon**	deux points (:)
a	**collection**	levée du courrier
a	**comma**	virgule (,)
	comparatively	relativement
the	**complimentary close**	formule de politesse en fin de lettre
	concise [kən'saɪs]	concis
	confidence (in ~)	confidentiellement
	confident *(!)*	**1.** assuré, persuadé **2.** confiant
	confidential	confidentiel
to	**confirm**	confirmer
a	**confirmation**	confirmation

	consciseness [kən'saɪsnɪs]	concision
to	**consider**	considérer, examiner, étudier ; envisager de faire
	consideration	considération, étude, examen
	consideration of (in ~)	en raison de, compte tenu de
to	**contact**	entrer en relation avec
the	**contents**	contenu
a	**copy**	**1.** copie, double **2.** exemplaire
	correspondence	correspondance
a	**correspondent**	correspondant
to	**correspond to, with**	correspondre à, avec
	courteous	courtois, poli

a	**dash**	tiret (–)
a	**date**	**1.** date **2.** rendez-vous (galant)
the	**date of filing**	date de dépôt
to	**decide**	décider
a	**decision**	décision
	defective	défectueux
	definite	**1.** défini, précis **2.** certain
a	**delay** *(!)*	retard
to	**delay** *(!)*	retarder
	despite [dɪs'paɪt]	malgré
to	**dictate**	dicter
a	**dictation**	dictée
to	**differ (from)**	**1.** être en désaccord avec **2.** être différent de
	different from	différent de
to	**disappoint**	décevoir
	disappointment	déception
a	**discrepancy**	**1.** écart, décalage **2.** désaccord
	disposal	disposition
	disposal (at s.o.'s ~)	à la disposition de qqn
a	**dotted line**	ligne pointillée (------)
	doubt [daʊt]	doute
	doubt (no ~)	sans aucun doute
to	**doubt**	mettre en doute, douter de

a	**draft**	**1.** brouillon, avant-projet **2.** traite
to	**draft**	rédiger, faire le brouillon
to	**draw / drew / drawn s.o.'s attention to**	attirer l'attention de qqn sur
	due course (in ~) [djuː]	en temps voulu
	due to	dû à, en raison de
	duly	dûment
to	**duplicate**	établir un double, polycopier
	duplicate (in ~)	en double exemplaire

to	**emphasize**	insister sur, mettre en valeur
to	**enable**	permettre de
to	**enclose**	joindre
	enclosed	ci-joint
	enclosed please find	veuillez trouver ci-joint
an	**enclosure**	pièce jointe
to	**endeavour** [ɪnˈdevəʳ]	s'efforcer
an	**envelope**	enveloppe
an	**error**	erreur
	errors and omissions excepted, EOE	sauf erreur ou omission
	especially	surtout
	essential	essentiel, indispensable
	every third day / month	tous les trois jours / mois
an	**exclamation mark**	point d'exclamation
to	**exclude**	exclure
to	**expect**	attendre, s'attendre à
	extra	en plus, en sus, en supplément

	face	recto
	failing	faute de
a	**favour**	faveur
	favour (as a ~)	à titre gracieux
	favour (in s.o.'s ~)	en faveur de qqn
	favourable	favorable
to	**favour s.o. with an order**	accorder à qqn la faveur d'une commande
	final *(!)*	**1.** final **2.** définitif
	finally	finalement, enfin

	findings	conclusions
	follows (as ~)	comme suit
a	**follow-up letter**	lettre de relance
a	**footer**	pied de page
	formal	officiel
the	**former... the latter...**	le premier (mentionné)... le dernier (mentionné)...
the	**form of address**	suscription
	forms of address	titres de politesse
	forthcoming	prochain, à venir
a	**fortnight**	quinzaine
	fortnightly	tous les quinze jours
	frankly	franchement, sincèrement
	from dictation	sous la dictée
	full (in ~)	intégralement
a	**full-blocked layout**	présentation d'une lettre compacte, «à l'américaine»
a	**full-stop**	point (final) (.)
	fully	complètement
to	**further**	favoriser, développer
	furthermore	en outre, de plus

G-H

to	**give / gave / given cause for**	donner lieu à
to	**give sth. favourable consideration**	examiner qqch. de façon favorable
	grateful	reconnaissant
	hand... on the other hand... (on (the) one ~)	d'une part... d'autre part...
a	**heading**	**1.** en-tête **2.** rubrique
	herewith ['hiːəʳwɪð]	ci-joint
a	**hyphen** ['haɪfən]	trait d'union (-)

I

	inaccurate	inexact
	incidental	fait ou dit en passant (remarque, etc.)
	incidentally	entre parenthèses, à propos
	inclusive of	qui comprend
	incoming mail	courrier arrivée
an	**indentation**	alinéa

an	**indented paragraph**	paragraphe en alinéa
	informal	sans caractère officiel
	initials	initiales
to	**inquire**	se renseigner
an	**inquiry** [ɪn'kwaɪərɪ]	enquête, demande de renseignements
to	**insert**	insérer
the	**inside address**	adresse intérieure
to	**insist on**	insister sur, exiger
	instant, inst.	courant (après une date)
	instead of	au lieu de, à la place de
to	**instruct**	donner pour instruction de
to	**intend**	avoir l'intention de
	intended for	destiné à
	interested in (to be ~)	s'intéresser à
	inverted commas (" ")	guillemets (« »)
to	**investigate**	se livrer à une enquête
an	**investigation**	enquête, recherche
to	**involve**	impliquer, entraîner
an	**issue**	émission (bordereau, timbre, etc.)

to	**justify**	justifier
	kindly answer	veuillez répondre
	late (of ~)	ces derniers temps
	later than (no ~)	dernier délai
	lately	récemment
	latest (at the ~)	au plus tard
the	**latter**	le dernier (mentionné)
the	**layout**	mise en page, disposition, présentation
	least (at ~) [ˌət'liːst]	au moins
the	**letterhead**	en-tête
to	**look forward to (+ ing)**	attendre avec impatience, se faire une joie de
a	**lower case letter**	lettre minuscule

	mailing	routage
a	**mailing list**	publipostage, mailing (faux anglicisme)
	mainly	surtout
to	**make sure**	s'assurer

a	**margin**	marge
	meantime (in the ~)	entretemps
	Messrs ['mesəz]	MM., Messieurs
	minor	secondaire, de peu d'importance
to	**misunderstand / misunderstood / misunderstood**	mal comprendre, mal interpréter
a	**misunderstanding**	malentendu
	moreover	en outre, de plus

	notice (at short ~)	dans un court délai, à court terme
	obliged to s.o. for sth. (to be ~)	être obligé, reconnaissant à qqn de qqch.
an	**oblique** *GB*, **a slash** *US*	barre oblique (/)
	obviously	de toute évidence
	occasionally	de temps à autre
to	**offer apologies**	présenter des excuses
an	**omission**	omission
to	**omit**	omettre
	opinion (in my ~)	à mon avis
	outgoing mail	courrier départ
to	**outline**	esquisser, donner un aperçu de
	overleaf	au verso
	owing to	en raison de

a	**paragraph**	**1.** paragraphe **2.** alinéa
a	**parenthesis,** *Pl* **parentheses** [pə'renθɪsɪ ; –θɪsi:z]	parenthèses
the	**particulars** *(!)*	détails
	pause dots	points de suspension
a	**period (.)** *US*, **a full stop** *GB*	point final (.)
a	**phrase (!)**	expression
	pleased to	heureux de
a	**point of (to make ~), to make it a point to**	se faire un devoir de
to	**point out**	faire remarquer
	points of suspension	points de suspension
	position to (in a ~)	en mesure de
to	**postpone**	remettre à plus tard

a	**postponement**	ajournement
	present (at ~)	en ce moment
a	**promise** ['prɒmɪs]	promesse
to	**promise**	promettre
	proportion to (in ~)	proportionnellement à
to	**prove to be**	se révéler être, s'avérer
	punctual	ponctuel, exact
	punctuation	ponctuation
	purpose (for this ~)	à cet effet
	purpose (on ~)	à dessein
to	**put / put / put the emphasis on**	mettre l'accent sur

Q-R

	question (in ~)	en question, dont il est question
a	**question mark**	point d'interrogation
	quotation marks (" ")	guillemets (« »)
to	**quote**	citer, rappeler
	Re [riː]	à propos de, objet (d'une lettre)
a	**reference**	référence
	referring to	se rapportant à, à propos de
	regarding	en ce qui concerne
	regards (with best ~)	avec mes respects
a	**reminder**	rappel, avis de rappel
to	**reorder sth.**	faire une nouvelle commande de qqch.
	reply to (in ~)	en réponse à
to	**reply to**	répondre à
to	**reserve the right**	se réserver le droit
	respect (in this ~)	à cet égard

S

	sae, self-addressed envelope	enveloppe au nom de l'expéditeur
	safe custody (in ~)	en lieu sûr
	safely	sans encombres
	sake (for s.o.'s ~)	dans l'intérêt de qqn
	salutation	appellation (épistolaire)
	sase, self-addressed stamped envelope	enveloppe affranchie au nom de l'expéditeur
a	**self-addressed envelope**	enveloppe au nom de l'expéditeur
a	**semi-blocked layout**	présentation d'une lettre avec alinéas, «à la française»
a	**semicolon**	point-virgule (;)

the	**sender**	expéditeur
	shorthand	sténographie
a	**shorthand typist**	sténo-dactylo
	shortly	prochainement, sous peu
to	**sign**	signer
a	**signature** ['sɪgnətʃə^r]	signature
a	**slash** *US*, **an oblique** *GB*	barre oblique (/)
	slightly	légèrement
a	**small letter**	lettre minuscule
	spelling	orthographe
	spite of (in ~)	malgré
	square brackets	crochets [ ]
a	**stamped addressed envelope**	enveloppe timbrée pour la réponse au nom de l'expéditeur
	stationery	fournitures de bureau, papeterie
a	**stop**	point (.)
	surprised at (to be ~)	être surpris de

to	**take / took / taken into consideration**	tenir compte de
to	**take in shorthand**	prendre en sténo
	through the medium of ['mi:dɪəm]	par l'intermédiaire de
	time (at any ~)	n'importe quand
	time (in ~)	à temps
	time (on ~)	à l'heure
	time being (for the ~)	pour l'instant
	together with	en même temps que
	triplicate (in ~)	en triple exemplaire
	unavoidable	inévitable
to	**underline**	souligner
	under separate cover	sous pli séparé
	under the circumstances	dans ces circonstances
	unjustified	injustifié
	unlike	à la différence de
	unlikely	improbable
	up to	jusqu'à (suivi d'un nombre)
an	**upper case letter**	lettre majuscule
	via ['vaɪə]	via, par l'intermédiaire de
	when due	à l'échéance
	whereby [wɛə^r'baɪ]	par quoi, d'où
	whether	si (alternative)

a	**window envelope**	enveloppe à fenêtre
	within	en (+ durée), dans un délai maximum de, sous (+ nombre de jours)
	without delay *(!)*	sans délai
	without fail	sans faute
	yet (as ~)	jusqu'ici
	Your ref., Our ref.	V/Réf., N/Réf.

Énergie et ressources
Energy & resources

A-B

	anti-freeze	antigel
a	**barrel**	baril (= 159 l)
a	**blackout**	panne d'électricité
a	**boiler**	chaudière
to	**boost**	**1.** stimuler **2.** développer
to	**bore**	forer (un puits)
	boring	forage
a	**breeder (reactor),** **a fast-breeder (reactor)**	surgénérateur, surrégénérateur
to	**burst / burst / burst (out)**	éclater
a	**by-product**	sous-produit

C

	coal	charbon, houille
a	**coal-bed, a coal-seam**	gisement, filon houiller
a	**coal-field**	bassin, gisement houiller
	coal-mining	charbonnage, exploitation de la houille
a	**coal-mining district**	bassin houiller
a	**collier**	mineur (de charbon)
a	**colliery**	houillère
to	**complete** *(!)*	achever
the	**completion**	achèvement
to	**conserve** *(!)*	préserver, économiser
	conservation *(!)*	**1.** préservation, protection **2.** économies (d'énergie)
	consumption	consommation
to	**cool**	refroidir
a	**cooling agent**	réfrigérant
a	**cooling tower**	tour de refroidissement
the	**core**	cœur (d'un dispositif)
a	**crisis,** *Pl* **crises** ['kraɪsɪs ;–siːz]	crise
	crude oil	pétrole brut
a	**crunch** *US*	situation de crise

a	**dam**	barrage
to	**dam a river**	construire un barrage sur un fleuve
	dependence	dépendance
	dependent on (to be ~)	dépendre de
to	**deplete**	épuiser (des ressources)
a	**deposit**	gisement
a	**device**	**1.** appareil **2.** système, procédé, dispositif
	diesel oil	gasoil (pour moteur diesel)
to	**dig / dug / dug**	creuser
a	**discovery**	découverte
to	**drill**	percer, forer (un puits)
	drilling	forage
a	**drilling platform**	plate-forme de forage
to	**dry up**	(se) tarir
to	**dwindle**	diminuer

E-F

	electricity	électricité
	energy	énergie
	exhaust	échappement
to	**exhaust**	épuiser (ressources)
	exploration	prospection, recherches
to	**explore for oil**	rechercher du pétrole
to	**extract**	extraire
a	**filling-station**	station-essence
	fissionable	fissile
a	**fossil fuel**	combustible fossile
	fuel *(!)* [fjuːəl]	carburant, combustible
	fuel oil	mazout

	gas	gaz
	gas(oline) ['gæsəʊliːn] *US*, **petrol** *GB*	essence
the	**gas-bill**	note de gaz
a	**gas-guzzler**	véhicule gourmand en carburant
a	**gas main**	conduite de gaz

a	**gas pipeline**	gazoduc
a	**gas-works**	usine à gaz
to	**generate**	produire (de l'électricité)
a	**generator**	générateur
	geothermal energy	énergie géothermique
a	**grid**	réseau de distribution

H-L

	heat	chaleur
to	**hew / hewed / hewn or hewed** [hjuː] [hjuːd] [hjuːn]	**1.** tailler **2.** abattre
	high-tension	à haute tension
	hydrocarbons ['haɪdrəʊ'kɑːbənz]	hydrocarbures
	hydroelectric ['haɪdrəʊɪ'lektrɪk]	hydroélectrique
a	**hydro-electricity plant**	centrale hydroélectrique
	inadequacy	insuffisance
	low *(-sulphur, etc.)*	à faible teneur (en soufre, etc.)

	materials *(!)*	matières (combustibles, fissiles, etc.)
	methane ['miːθeɪn]	méthane
a	**methane tanker**	méthanier
a	**mine**	mine
to	**mine for**	exploiter (le charbon, etc.)
a	**miner**	mineur
a	**moratorium**	moratoire

the	**North Sea bed**	sous-sol de la mer du Nord
	North Sea Oil, NSO	pétrole de la mer du Nord
	nuclear energy, nuclear power	énergie nucléaire
a	**nuclear plant, a nuke** ['njuːk] *fam.*	centrale nucléaire
a	**nuclear (power) station**	centrale nucléaire

	off-loading terminals	terminaux de déchargement
	offshore	en mer, au large
	oil *(!)*	**1.** pétrole **2.** huile (de moteur etc.)
the	**oil-bill**	facture pétrolière
an	**oil-burning / an oil-fired (power) station**	centrale thermique alimentée au mazout
an	**oil-field**	gisement pétrolier
	oil shale [ʃeɪl]	schistes bitumineux
the	**output**	production, rendement

	peat	tourbe
	petrol *(!) GB*, **gas(oline)** *US*	essence
	petroleum	pétrole brut
a	**pipe** *(!)* [paɪp]	tuyau
a	**pipeline, an oil pipeline** ['paɪplaɪn]	oléoduc
a	**plant** *(!)*	**1.** centrale (électrique, nucléaire) **2.** usine
	power *(!)*	**1.** force **2.** énergie **3.** courant électrique
a	**power-station**	centrale électrique
to	**prospect for**	rechercher (du pétrole, etc.)
a	**pump-storage station**	centrale d'appoint

to	**range between** *(!)*	évoluer dans une fourchette
a	**reactor**	**1.** réacteur **2.** pile atomique
to	**refine**	raffiner
a	**refinery**	raffinerie
to	**rely on**	compter sur, dépendre de
	renewable [rɪ'nju:əbl]	renouvelable
to	**reprocess**	retraiter
	requirements	besoins (énergétiques, etc.)
a	**rig**	plate-forme (de forage), derrick
to	**rotate**	tourner
to	**run / ran / run out**	épuiser (ressources)
to	**run out of sth.**	venir à manquer de qqch.

to	**save** *(!)*	économiser
	savings	économies (d'énergie, etc.)
	scarce	rare
	scarcity	rareté
a	**seam**	veine, filon
	self-sufficiency [–sə'fɪʃənsɪ]	autosuffisance
	self-sufficient (to be ~) [–sə'fɪʃənt]	être autosuffisant
a	**shaft**	puits (de mine)
a	**shortage**	pénurie
	solar energy, solar power	énergie solaire
to	**split / split / split**	fendre
	steam	vapeur
a	**steam-engine**	machine à vapeur
	stockpiles	réserves (constituées)
to	**store**	entreposer, stocker
a	**strike**	découverte (filon, or, etc.)
	supplies	**1.** approvisionnement **2.** réserves (énergie, etc.)
to	**supply** *(!)*	fournir, alimenter, approvisionner
a	**survey**	étude, enquête

T-U

a	**tanker**	pétrolier
to	**tap**	prélever (ressources)
	tar	goudron
	tar sands	sables asphaltiques
	tidal energy, tide-power	énergie marémotrice
	unleaded [ʌn'ledɪd]	sans plomb (essence)

	waste *indén.*	**1.** déchets **2.** gaspillage
to	**waste**	gaspiller
a	**windmill**	éolienne
	wind-power	énergie éolienne
a	**wire** ['waɪə^{r}]	fil (métallique ou électrique)

Formation professionnelle et carrières

Training & careers

A-B

an	**ability** *(!)*	capacité
	able	capable
	absenteeism [ˌæbsən'tiːɪzm]	absentéisme
to	**apply for a job**	postuler un emploi
to	**appoint** *(!)*	nommer
the	**appointee** [əpɔɪn'tiː]	personne nommée (à un poste)
an	**appointment** *(!)*	**1.** nomination **2.** rendez-vous
	appraisal	appréciation, évaluation
an	**apprentice** [ə'prentɪs]	apprenti
	apprenticeship	apprentissage
	articulate *(!)*	qui sait s'exprimer
to	**assign** [ə'saɪn]	affecter
an	**assignment** [ə'saɪnmənt]	**1.** affectation **2.** mission
the	**background**	**1.** milieu **2.** études, formation
a	**bank clerk** [klɑːk *GB*, klɜːk *US*]	employé de banque
a	**blue-collar worker**	«col bleu»
a	**business school**	école supérieure de commerce

C

a	**career**	carrière, métier
	careers education *GB*	enseignement professionnel
a	**careers officer** *GB*	conseiller d'orientation
a	**certification**	certification, visa
a	**civil servant** *GB*, **a public officer** *US*	fonctionnaire
the	**Civil Service**	fonction publique
a	**clerk** *(!)* [klɑːk *GB*, klɜːk *US*]	employé de bureau
a	**college graduate**	diplômé de l'université
	competent	compétent

a	**competition** *(!)*	concours
a	**course** [kɔːs]	cours (série de leçons)
a	**craft**	métier (technique, en part. manuel)
a	**craftsman**	**1.** ouvrier professionnel **2.** artisan
	craftsmanship	**1.** qualité du travail **2.** artisanat
	credentials	titres (qualifications)
a	**CV** [siːviː]	curriculum vitae, CV

D-G

a	**degree** *(!)* [dɪ'griː]	diplôme d'enseignement supérieur
a	**demotion**	rétrogradation
a	**diploma**	diplôme
a	**dismissal**	renvoi
to	**educate** *(!)*	instruire
	educated *(!)*	instruit
	efficient	efficace
to	**employ**	employer
an	**employee** [ˌɪmplɔɪ'iː]	employé
an	**employer**	employeur
	employment	emploi, embauche
	expert	habile, compétent
a	**factory hand**	ouvrier d'usine
a	**farm hand**	ouvrier agricole
	female labour *(!)*	main-d'œuvre féminine
to	**fire**	renvoyer, licencier
the	**first sector, the primary sector**	secteur primaire
	fit	apte
	further education	formation continue
a	**graduate** *(!)*	diplômé

H-L

	hard-working	travailleur
	higher education	enseignement supérieur
to	**hire** ['haɪəʳ]	engager, embaucher
a	**job**	emploi
the	**job market**	marché du travail
a	**job opportunity** *(!)*	débouché professionnel
	junior *(!)*	**1.** qui a peu d'expérience **2.** à un niveau inférieur dans la hiérarchie

	knowledgeable ['nɒlɪdʒəbl]	qui a des connaissances, «calé»
	labor *US*	**1.** cf. «labour» **2.** syndical
	labour *(!)* ['leɪbə^{r}]	**1.** travail **2.** main-d'œuvre **3.** monde du travail
a	**labourer** ['leɪbərə^{r}]	**1.** manœuvre **2.** ouvrier agricole
the	**labour force**	main-d'œuvre (les travailleurs)
the	**labour market**	marché du travail
a	**ladder position**	poste tremplin
	literacy *(!)*	maîtrise de la lecture et de l'écriture
	literate *(!)*	qui sait lire et écrire

M-O

	manpower	main-d'œuvre (ressource)
the	**merit system**	régime du mérite
	mobility	mobilité
a	**notice**	avis (message)
	numeracy	maîtrise du calcul
	numerate	qui sait calculer, à l'aise avec les chiffres
an	**occupation**	métier
	occupational	professionnel
an	**officer** *(!)*	préposé, responsable
an	**office worker**	employé de bureau
an	**operative** *US*, **a worker** *GB*	ouvrier (en part. sur une machine)
an	**opportunity** *(!)*	**1.** occasion **2.** débouché

P

a	**part-time job**	emploi à temps partiel
the	**payroll**	**1.** registre des employés **2.** masse salariale (de l'entreprise)
the	**payroll (to be on ~)**	faire partie du personnel
a	**Personal History**	curriculum vitae, CV
a	**piece of craftsmanship**	ouvrage de haute qualité
the	**point scale**	échelle de notation
a	**polytechnic** *GB (!)*	IUT *FR*
	poor	**1.** pauvre **2.** de mauvaise qualité, médiocre
a	**position** *(!)*	situation, poste

the	**primary sector, the first sector**	secteur primaire
a	**probation (period)**	période d'essai, stage
on	**probation**	à l'essai
a	**probationer**	stagiaire
a	**profession** *(!)*	profession (en particulier libérale)
a	**professional** *(!)*	**1.** professionnel **2.** membre d'une profession libérale
the	**professional background**	formation et expérience professionnelles
to	**promote**	donner de l'avancement
	promoted (to be ~)	recevoir de l'avancement, être promu
	promotion	avancement, promotion
a	**public officer** *US*, **a civil servant** *GB*	fonctionnaire
	public works	travaux publics

R

	rating	notation
to	**recruit** [rɪ'kruːt]	recruter
	recruitment [rɪ'kruːtmənt]	recrutement
to	**resign** *(!)*	démissionner
a	**resignation** *(!)*	démission
a	**résumé** *(!)*	curriculum vitae, CV
to	**retire** *(!)*	partir à la retraite
to	**retire s.o.** *(!)*	mettre qqn à la retraite
	retired (to be ~) *(!)*	être retraité
	retirement	retraite (situation)
	retirement age	âge de la retraite
to	**retrain**	se recycler
	retraining	recyclage
to	**retrain s.o.**	recycler qqn

a	**sales clerk** *US*, **a salesperson** *GB*	vendeur, vendeuse
a	**salesperson** *GB*, **sales clerk** *US*	vendeur, vendeuse
to	**screen**	(pré)sélectionner
	seasonal ['siːzənl]	saisonnier
a	**secondment**	détachement
the	**second sector, the secondary sector**	secteur secondaire
	self-employed (to be ~)	être à son compte
the	**self-employed** *nom. coll.*	travailleurs indépendants
a	**semi-skilled worker**	ouvrier spécialisé

	senior *(!)*	**1.** qui a de l'expérience **2.** qui a un poste élevé
the	**services**	services
	shoddy	de mauvaise qualité, médiocre
	skilful	adroit
a	**skill**	**1.** savoir-faire **2.** compétence **3.** qualification
a	**skilled worker**	ouvrier qualifié, spécialisé, professionnel
	sophisticated *(!)*	**1.** évolué **2.** raffiné **3.** complexe
the	**staff** **to be on the staff**	personnel faire partie du personnel
	steady	stable, régulier
a	**subject** *(!)*	matière (d'enseignement)

T-U

to	**take on s.o.**	embaucher, engager qqn
a	**technical college** *(!)*	école supérieure technique
	telecommuting	télétravail à domicile
to	**temp**	faire de l'interim
	temping	intérim
a	**temporary job**	emploi temporaire
the	**tertiary sector** ['tɜʃərɪ], **the third sector**	secteur tertiaire
a	**trade**	métier (en particulier manuel)
a	**trainee** [treɪ'niː]	stagiaire, personne en formation
to	**train for a job**	apprendre un métier
	training	formation
a	**training period**	stage de formation (professionnelle)
to	**train s.o.**	former qqn
a	**transfer**	mutation
on	**trial** ['traɪəl]	à l'essai
the	**turnover**	**1.** chiffre d'affaires **2.** rotation de la main-d'œuvre **3.** écoulement des marchandises
	unemployment	chômage
	unfit	inapte
	unskilled	non qualifié
	upgrading	**1.** recyclage **2.** mise à jour

a	**vocational school**	école professionnelle
	vocational training	formation professionnelle
a	**white-collar worker**	«col blanc»
	work	travail
a	**work**	œuvre, réalisation
a	**worker**	travailleur, ouvrier (en part. dans l'industrie)
the	**working class(es)**	classe ouvrière
a	**working-man**	membre de la classe ouvrière
a	**workman**	ouvrier (en part. en extérieur)
	workmanship	qualité du travail
to	**work part-time**	travailler à temps partiel
a	**works**	**1.** usine **2.** atelier **3.** chantier
a	**works committee, a works council**	comité d'entreprise
to	**work to rule**	faire la grève du zèle

Industries
Industries

	acetate ['æsɪteɪt]	acétate
	acrylan, acrylic	acrylique
an	**advance**	progrès
the	**aircraft industry**	industrie aéronautique
an	**alloy**	alliage
to	**alter**	modifier
an	**amalgamation**	fusion (d'entreprises)
to	**analyse**	analyser
an	**analysis,** *Pl* **analyses**	analyse
	anthracite	anthracite
an	**apparatus,** *Pl* **apparatus** *or* **apparatuses** [əpə'reɪtəs ; –təsɪz]	**1.** appareil **2.** dispositif
an	**appliance** [ə'plaɪəns]	appareil, dispositif
	archaic [ɑː'keɪɪk]	archaïque
to	**assemble**	monter, assembler
an	**assembly line**	chaîne de production, de montage
an	**asset**	atout
an	**auto-maker**	constructeur automobile
	automated	automatisé
	automatic	automatique

a	**blast furnace**	haut fourneau
a	**boiler**	chaudière
a	**bolt**	boulon
to	**branch out into**	étendre ses activités à
	brass	bronze
to	**break / broke / broken down**	tomber en panne
a	**breakthrough**	percée, avancée, progrès décisif
	brittle	cassant, friable
	by-products	sous-produits

	carbon	carbone
	capital goods	biens d'équipement
	carbon dioxide	anhydride carbonique, CO2
	carded wool	laine cardée
to	**carry out**	effectuer, mener à bien (un travail de recherche)
to	**cast**	couler, fondre
	cast-iron [–'aɪən]	fonte
to	**catch / caught / caught up with s.o.**	rattraper qqn
	cellulose	cellulose
	change *(!)*	changement
	charcoal	charbon de bois
the	**chemical industry** ['kemɪkəl]	industrie chimique
	chemicals ['kemɪkəlz]	produits chimiques
a	**chimney-stack**	cheminée d'usine
	china *(!)*	porcelaine
	clay	argile
to	**close a gap**	combler un retard
	close to exhaustion	sur le point d'être épuisé
a	**closure**	fermeture (puits, usine)
	cloth	drap (étoffe)
	coal	charbon, houille
a	**coal-bed, a coal-seam**	gisement, filon houiller
a	**coal-field**	bassin, gisement houiller
	coal-mining	charbonnage, exploitation de la houille
a	**coal-mining district**	district, bassin houiller
to	**coat**	**1.** revêtir, couvrir **2.** armer
	coke	coke
a	**collier**	mineur (de charbon)
a	**colliery**	mine de charbon, houillère
a	**component**	composant
	component parts	pièces détachées
a	**converter**	convertisseur
a	**conveyor belt**	courroie transporteuse
	copper	cuivre
a	**counterfeit** ['kaʊntəfit]	contrefaçon
to	**counterfeit**	contrefaire
	cutlery	coutellerie

	date (to be out of ~)	être démodé, dépassé
a	**deposit**	gisement
	design *(!)*	**1.** conception **2.** dessin
to	**design** *(!)*	**1.** concevoir **2.** dessiner
to	**develop a product** *(!)*	mettre au point un produit
a	**development** *(!)*	progrès
a	**device**	**1.** appareil **2.** système, procédé, dispositif
to	**discover**	découvrir
a	**discovery**	découverte
the	**division of labour**	division du travail
	domestic demand	demande intérieure
a	**dye** [daɪ]	teinture

	electrical engineering	technique électrique, l'électricité
	electronic	électronique
an	**engine**	**1.** machine (productrice d'énergie) **2.** moteur
an	**engineer**	ingénieur
	engineering	**1.** construction mécanique **2.** travail d'ingénieur **3.** génie
	equipment *(!)*	matériel
to	**evolve**	évoluer
an	**experiment**	expérience (scientifique, etc.)
	expertise *(!)* [ˌekspəˈtiːz]	connaissances techniques
to	**extract**	extraire

a	**fabric** *(!)*	tissu, étoffe
	facilities *(!)*	installations
a	**factory**	usine
a	**factory hand**	ouvrier d'usine
to	**fall / fell / fallen behind**	prendre du retard
a	**fault**	défaut, vice (de fabrication)

	fibres	fibres
	fibreglass	fibre de verre
	fire-proof	réfractaire
the	**first sector, the primary sector**	secteur primaire
the	**fitting-up**	équipement installation (d'une usine)
the	**fittings**	**1.** appareils **2.** accessoires
	foodstuffs	produits alimentaires
the	**foreman**	contremaître
a	**foundry**	fonderie
a	**furnace**	fourneau

G-H

	gas(oline) ['gæsəʊli:n] *US*, **petrol** *GB*	essence
a	**girder**	poutre métallique
	gold-plated	plaqué-or
to	**grind / ground / ground** [graɪnd]	broyer
to	**hammer**	marteler
	hardware	matériel
to	**heat**	chauffer
	high tech(nology)	haute technologie, technique de pointe

I

an	**implement** ['ɪmplɪmənt]	instrument
to	**implement** ['ɪmplɪment]	mettre en œuvre
to	**improve**	améliorer
an	**improvement**	amélioration, perfectionnement
	industrial	industriel
	industrious	travailleur, actif
an	**ingot**	lingot
to	**innovate**	innover
	iron ['aɪən]	fer
an	**iron field**	bassin sidérurgique

K-L

	kerosene	pétrole raffiné
	know-how	savoir-faire
a	**lab(oratory)**	labo(ratoire)

to	**lag (behind)**	être en retard
to	**launch** [lɔːntʃ]	lancer (produit, campagne, fusée)
the	**launching**	lancement
to	**lay / laid / laid**	poser
a	**layer** ['leɪəʳ]	couche
	lead [led]	plomb
	linen ['lɪnɪn]	toile de lin
a	**loom**	métier à tisser
a	**lorry** *GB*, **a truck** *US*	camion
	lubrication	lubrification, graissage

a	**machine**	machine
	machinery	**1.** équipement, outillage **2.** machines
to	**maintain**	entretenir
	maintenance	entretien
	manufacture	fabrication
to	**manufacture**	fabriquer
a	**manufacturer**	constructeur, fabricant
to	**mass-produce**	produire en masse
	mass production	production de masse
a	**material** *(!)*	**1.** matériau **2.** tissu
a	**mechanic** [mɪ'kænɪk]	mécanicien
	mechanical	mécanique
	mechanical engineering	(construction) mécanique
a	**mechanism** ['mekænɪzəm]	mécanisme
to	**melt**	fondre
the	**melting point**	point de fusion
the	**merchant navy, the merchant fleet**	marine marchande, marine de commerce
to	**merge**	fusionner (pour des entreprises)
a	**merger**	fusion (d'entreprises)
a	**mill**	**1.** moulin **2.** usine **3.** fabrique (textile, papier)
a	**mine**	mine
a	**miner**	mineur
	molten	en fusion
a	**mould** [məʊld]	moule (métallurgique)
a	**moving belt**	tapis roulant

N-O

a	**nail**	clou
	non-ferrous metals	métal non ferreux
a	**nut**	écrou
	nylon ['naɪlɒn]	nylon
	obsolete	obsolète, désuet
an	**open-cast mine**	mine à ciel ouvert
to	**operate**	faire fonctionner
	operation (in ~)	en fonctionnement
	operation (to go into ~)	entrer en service
	order (out of ~)	en panne, hors service
	ore	minerai
	outdated	démodé, dépassé
the	**output**	production, rendement
the	**outset**	début
to	**overhaul** [ˌəʊvəˈhɔːl]	réviser, mettre en état (machine, moteur, etc.)
the	**overseer**	chef d'atelier, contremaître
to	**overtake / overtook / overtaken**	dépasser

P

a	**part**	pièce
a	**patent**	brevet
a	**patent application**	demande de brevet
to	**perfect**	perfectionner
the	**petrochemical industry**	industrie pétrochimique
a	**pig-bed**	moule (pour gueuse)
	pig iron [–ˈaɪən]	gueuse de fer/de fonte
a	**pit**	puits (de mine)
a	**plant** *(!)*	**1.** centrale (électrique, nucléaire) **2.** usine
	plastic	plastique
a	**plate**	plaque métallique, tôle
	plated	plaqué (or, etc.)
	porous	poreux
	potash	potasse
to	**pour**	verser
	power-driven	électrique
	preserves *(!)*	conserves

to	**press**	presser, emboutir
a	**process**	processus, procédé
to	**process**	traiter
	processing	traitement
	processing industries	industries de transformation
to	**produce**	produire
a	**product**	produit
	progress *indén.*	progrès

Q-R

a	**quarry**	carrière (d'extraction)
	railroad *US*, **railway** *GB*	chemin de fer
	railway *GB*, **railroad** *US*	chemin de fer
a	**refinery**	raffinerie
a	**refining centre**	centre de raffinage
	reliable [rɪ'laɪəbl]	sûr, fiable
a	**repair**	réparation
to	**repair**	réparer
to	**replace**	remplacer
	research	recherche
	Research and Development, R & D	service d'études et de recherches
a	**researcher**	chercheur
to	**research into sth.**	étudier qqch.
	rock-salt	sel-gemme
a	**rolling mill**	laminoir
to	**run / ran / run**	**1.** faire fonctionner **2.** gérer

S

	safety	sécurité
a	**scientist**	savant
	sea-salt	sel marin
the	**second sector, the secondary sector**	secteur secondaire
the	**setting-up**	installation, mise en place
a	**sheet**	feuille, tôle
a	**ship**	navire
	shipbuilding	construction navale
a	**shipyard**	chantier de construction navale
	silk	soie

	slate	ardoise
	sleepers	traverses de chemin de fer
to	**smelt**	fondre (un métal)
	spare parts	pièces détachées, de rechange
to	**spin / span / spun**	filer
a	**spinning mill**	filature
a	**stack**	cheminée d'usine
to	**stamp**	emboutir (en métallurgie)
	stamping	emboutissage
the	**state of the art**	état de la technique
	steel	acier
a	**steel furnace**	four à acier
	steelworks, a steel-mill	aciérie, usine sidérurgique
	stratified	stratifié
a	**subcontractor**	sous-traitant
to	**subsidise**	subventionner
a	**subsidiary**	filiale
a	**substitute**	produit de remplacement
to	**substitute for**	substituer à
a	**sunrise industry** *US*	industrie montante
a	**sunset industry** *US*	industrie en déclin
	synthesis, *Pl* **syntheses** ['sɪnθəsɪs ; –siːz]	synthèse
to	**synthesize** ['sɪnθəsaɪz]	synthétiser

to	**take sth. to pieces**	démonter qqch.
to	**tap**	ouvrir (un haut fourneau)
	tar	goudron
a	**technician, a technicist**	technicien
a	**technique**	technique
	technological	technologique
a	**test**	essai
the	**textile industry**	industrie textile
	timber	bois (de chauffage, de construction)
	tin	étain
	tinplate	fer-blanc
a	**tool**	outil
a	**truck** *US*, **a lorry** *GB*	camion

U-V

to	**update**	mettre à jour, moderniser
	updated	mis à jour, modernisé
	up-to-date	à jour, moderne
	up-to-date (to be ~)	être à jour
a	**vehicle**	véhicule
	viscose	viscose

W

to	**weave / wove / woven**	tisser
a	**weaver**	tisserand
a	**weaving mill**	usine de tissage
a	**wire**	fil (métallique ou électrique)
	wood-pulp	pâte à papier
	woollens	lainages
a	**works**	**1.** usine **2.** atelier **3.** chantier
a	**workshop**	atelier
	worsted ['wʊstɪd]	laine peignée
	wrought iron ['aɪən]	fer forgé

Organisation de l'entreprise
Business organisation

A-B

an	**account executive**	responsable de budget
the	**accounts**	comptes, comptabilité
the	**accounts department**	service de comptabilité, services comptables
to	**acquire** [ə'kwaɪəʳ]	acquérir
an	**active partner**	commandité, associé gérant
the	**advertising manager**	chef de publicité
the	**after-sales department**	service après-vente
to	**amalgamate** *(!)*	fusionner
an	**appointment** *(!)*	**1.** nomination **2.** rendez-vous
the	**Articles of Association, the Articles of Partnership**	statuts d'une société
the	**art manager**	directeur artistique
an	**assistant general manager**	directeur général adjoint
an	**assistant manager**	sous-directeur, directeur adjoint
an	**auditor** *(!)*	commissaire aux comptes
	bankrupt (to go ~) ['bæŋkrʌpt]	faire faillite
	bankruptcy ['bæŋkrəptsɪ]	faillite
to	**beef up**	renforcer les effectifs
a	**Board of Directors**	conseil d'administration
a	**branch manager**	directeur de succursale
a	**business**	affaire, entreprise
	business *indén.*	les affaires
a	**business concern**	entreprise commerciale
the	**business manager**	directeur commercial

the	**capital issue department**	service des émissions
a	**cartel**	cartel
to	**chair a meeting**	présider une réunion
the	**chairman & managing director** *GB*, **president** *US*	president-directeur général, PDG
the	**chairman of the board**	président du conseil d'administration

a	**channel**	circuit
a	**chart**	**1.** tableau, organigramme **2.** graphique, courbe
the	**chief accountant**	chef comptable, chef de la comptabilité
the	**chief executive officer, CEO** *US*	président-directeur général, PDG
the	**claims department**	service des réclamations, du contentieux
to	**close down**	fermer ses portes
a	**collective agreement**	convention collective
a	**combine** *(!)* ['kɒmbaɪn]	concentration, cartel, trust
a	**company** *GB*, **a corporation** *US*	société
the	**Company Act** *GB*	loi sur les sociétés
the	**complaints department**	service des réclamations, du contentieux
a	**concern**	entreprise, affaire
a	**conglomerate**	conglomérat, consortium
a	**consortium**	consortium
a	**co-operative (society)**	coopérative
	corporate	de l'entreprise
a	**corporation** *(!) US*, **a company** *GB*	société
the	**customer service department**	service après-vente

the	**data processing department** ['deɪtə]	service informatique, service mécanographique
the	**data processing manager**	directeur du service informatique
the	**delivery department**	service de livraison
a	**department**	service, departement, branche
a	**department manager** *GB*, **vice-president** *US*	directeur de filiale, directeur de service
the	**deputy manager**	directeur adjoint
the	**design department**	service technique
a	**director**	**1.** directeur **2.** administrateur, membre du conseil d'administration
	dis-economies of scale	déséconomies d'échelle
the	**dispatch department**	service des expéditions
the	**district manager**	directeur régional
to	**diversify**	(se) diversifier
a	**divestiture, divestment**	cession, désengagement
to	**divest oneself of**	se défaire de

the	**engineering department**	service technique
an	**engineering manager**	directeur technique
to	**enter into partnership**	former une société de personnes
an	**entrepreneur** ['entrəprə'nɜr]	chef d'entreprise, entrepreneur
the	**equipment department**	service du matériel, service fournisseur
an	**establishment**	établissement
an	**executive**	**1.** cadre **2.** chef de service **3.** directeur / directrice
an	**executive member**	membre du comité de direction
an	**executive officer**	cadre supérieur, dirigeant
an	**executive secretary**	secrétaire de direction
the	**export department**	service des exportations

F-G

a	**finance manager**	directeur financier
a	**firm**	firme
to	**fix prices**	établir, s'entendre sur les prix
a	**flow chart**	organigramme
a	**general manager**	directeur général
a	**general manager's assistant**	directeur général adjoint
a	**general meeting**	assemblée générale
the	**general office**	secrétariat général
a	**general partner**	associé gérant
a	**general partnership**	société en nom collectif

H-I

a	**head of department**	chef de service
a	**head office**	siège social
a	**head storekeeper**	chef magasinier
a	**hierarchy** ['haɪəraːkɪ]	hiérarchie
a	**horizontal combine** ['kɒmbaɪn]	cartel horizontal, consortium
	horizontal integration	intégration horizontale
to	**incorporate** *(!)*	se constituer (pour une société)
an	**incorporation** *(!)*	constitution de société
an	**issue** ['ɪʃuː]	émission (bordereau, timbre, etc.)

J-L

	jointly and severally responsible	conjointement et individuellement responsables
a	**joint-stock company**	société par actions, société de capitaux
a	**joint venture** ['ventʃəʳ]	entreprise conjointe, entreprise commune
a	**junior** *(!)* **executive**	jeune cadre
the	**just-in-time system**	flux-tendus, juste-à-temps
an	**LBO, Leveraged Buy-Out**	Rachat d'Entreprise par les Salariés avec Effet de Levier, RES
an	**LMBO, Leveraged Management Buy-Out**	Rachat d'Entreprise par les Cadres avec Effet de Levier, RECEL
the	**legal department**	service du contentieux
	liability [laɪə'bɪlɪtɪ]	responsabilité
a	**limited company**	société anonyme
a	**limited partnership**	société en commandite
a	**liquidator**	liquidateur, syndic

M-O

the	**maintenance department**	service de l'entretien
	management	**1.** direction **2.** gestion
a	**management consultant**	conseiller en gestion
a	**manager**	**1.** directeur, dirigeant d'entreprise **2.** gérant
a	**managing director** *GB*, **a president** *US*	directeur, président-directeur général
the	**marketing manager**	directeur commercial, directeur du marketing
a	**Memorandum of Association, M/A**	statuts d'une société
to	**merge**	fusionner (pour des entreprises)
a	**merger**	fusion (d'entreprises)
a	**middle manager**	cadre moyen
the	**minutes** *(!)* ['mɪnɪts]	procès-verbal
a	**monopoly**	monopole
a	**multinational**	multinationale
	non-profit (-making)	à but non lucratif
the	**office manager**	chef de bureau
an	**organisation chart**	organigramme

a	**partner**	partenaire, associé
a	**partnership**	association, société en nom collectif ; société de personnes
the	**payroll**	**1.** registre des employés **2.** masse salariale (de l'entreprise)
a	**personal assistant, PA**	assistant(e), secrétaire particulier (ère), de direction
the	**personnel department**	service du personnel
the	**personnel manager**	directeur du personnel
	planning	planification
the	**plant** *(!)* **manager**	directeur d'usine
a	**PLC, Public Limited Company**	société anonyme
	premises *(!)* ['premɪsɪz] *nom plur.*	locaux, lieux (bâtiments et terrains)
a	**president** *US*, **(chairman &) managing director** *GB*	président-directeur général, PDG
to	**preside over a meeting**	présider une réunion
a	**private (limited) company**	société à responsabilité limitée
to	**privatise** ['praɪvətaɪz]	privatiser
the	**production manager**	chef de fabrication, directeur de production
	profit sharing	participation aux bénéfices, intéressement des salariés
the	**provisions of a contract** *(!)*	dispositions d'un contrat
a	**public (limited) company**	société anonyme
the	**purchasing department**	service de l'approvisionnement, service des achats
the	**purchasing manager**	chef des achats, directeur commercial

R-S

the	**record department**	service des archives
to	**register**	enregistrer, immatriculer
a	**registered office**	siège social
the	**Registrar of Companies**	registre des sociétés
	Research and Development, R & D	service d'études et de recherches
a	**salaried employee**	salarié
the	**sales department**	service des ventes
a	**sales executive**	directeur, cadre commercial
the	**sales manager**	directeur des ventes
a	**sales representative**	attaché, délégué commercial, représentant de commerce, VRP

the	**security department,** **the security police**	service de sécurité
to	**sell / sold / sold off sth.**	se défaire de qqch.
a	**senior executive,** **a senior manager**	cadre supérieur, dirigeant
to	**set / set / set up a company**	crééer une société
to	**set up in business**	se lancer dans les affaires
a	**shareholder** *GB*, **a stockholder** *US*	actionnaire
the	**shipping department**	service des expéditions
a	**silent partner, a sleeping partner**	commanditaire, bailleur de fonds
a	**society** *(!)* [sə'saɪətɪ]	association à but non lucratif
a	**sole trader**	commerçant indépendant
the	**staff manager**	chef du personnel, directeur des ressources humaine, DRH
a	**state-owned company**	société d'État, nationalisée
the	**statistics department**	service statistique, service du budget
a	**stockholder** *US*, **a shareholder** *GB*	actionnaire
to	**streamline**	réduire les effectifs, «dégraisser»
the	**style of a firm** *GB*	raison sociale d'une entreprise
a	**subcontractor**	sous-traitant
	subject to mercantile laws	soumis aux lois du commerce
a	**subsidiary**	filiale
the	**supply department**	service du matériel, service fournisseur

T-W

to	**take / took / taken over**	racheter, reprendre, prendre le contrôle, remplacer
a	**takeover**	prise de contrôle, rachat
a	**takeover bid**	Offre Publique d'Achat, OPA
a	**top manager**	cadre de haut niveau
	total quality control	qualité totale (méthode de management)
a	**trade representative**	attaché commercial
a	**tycoon** [taɪ'kuːn]	magnat
an	**undertaking**	entreprise
	vertical concentration, vertical integration	concentration verticale, intégration verticale
	vertical merger	concentration verticale
	vertical trustification	cartélisation verticale
a	**vice-president** *US*, **department manager** *GB*	directeur de filiale, directeur de service
a	**wage-earner**	salarié
to	**wind / wound / wound up** [waɪnd]	liquider, dissoudre une société
the	**workforce**	main-d'œuvre
a	**works council**	comité d'entreprise
the	**works manager**	chef d'atelier

Paiements
Payments

A-C

an	**acceptance bill**	traite contre acceptation
an	**accommodation bill**	traite de complaisance
an	**attested cheque**	chèque certifié
	automatic debiting	prélèvement automatique
to	**back a draft**	avaliser une traite
a	**bailiff**	huissier
a	**bill of exchange, b/e**	lettre de change
a	**bill of lading, b/l**	connaissement
to	**cash a cheque**	encaisser un chèque
	cash on delivery, cod	paiement comptant à la livraison
	cash with order, cwo	paiement comptant à la commande
a	**check** *US*, **a cheque** *GB*	chèque
a	**cheque** *GB*, **a check** *US*	chèque
a	**cheque to bearer**	chèque au porteur
a	**cheque without cover**	chèque sans couverture
to	**come to maturity**	venir à échéance
to	**commit oneself to something**	s'engager à faire qqch.
a	**creditor**	créancier
to	**cross a cheque**	barrer un chèque
a	**crossed cheque**	chèque barré
the	**crossing**	barrement d'un chèque
a	**current account**	compte courant

D-L

	date of maturity	date d'échéance
a	**debt** [det]	dette
a	**debtor** ['detə^{r}]	débiteur
to	**discount a bill**	escompter une traite
	discount rate	taux d'escompte
a	**documentary draft**	traite documentaire
	Documents against Acceptance, d/a	documents contre acceptation
	Documents against Payment, d/p	documents contre paiement

a	**draft**	traite
to	**draw / drew / drawn a bill**	tirer une traite
to	**draw up a protest**	dresser un protêt
the	**drawee** [drɔ'iː]	tiré
the	**drawer** ['drɔə^{r}]	tireur
a	**dud cheque**	chèque en bois
to	**fall / fell / fallen**	arriver à échéance
an	**instrument of trade**	effet de commerce
an	**irrevocable letter of credit**	lettre de crédit irrévocable
a	**letter of credit, l/c**	lettre de crédit

M-T

the	**maker**	souscripteur
a	**money order**	mandat
a	**notary public**	notaire
a	**notice of transfer**	avis de virement
the	**payee** [peɪiː]	bénéficiaire
	payment at sight	paiement à vue
the	**place of issue**	lieu d'émission
a	**promissory note, p/n**	billet à ordre
	prompt cash	comptant d'usage
to be	**prosecuted**	être poursuivi
a	**protest**	protêt
a	**quotation**	cotation, cours
	standing orders	ordres de prélèvements
to	**stop a cheque**	faire opposition à un chèque
	trade discount	escompte d'usage

Rapports sociaux
Industrial relations

A-B

an	**Act** *(!)*	décret, loi (ratifiée)
	adjustment	adaptation
	advance notice	préavis (de grève)
an	**agreement**	**1.** accord **2.** convention **3.** contrat
	arbitration	arbitrage
	arrested (to be ~)	être arrêté
to	**back up a claim**	soutenir une revendication
a	**banner**	banderole
to	**bargain**	négocier
a	**barricade**	barricade
a	**barrister at law**	avocat à la cour
a	**Bill**	projet de loi
	bitterness	amertume, rancœur
a	**blackleg**	«jaune», briseur de grève
to	**blackmail**	faire chanter, exercer un chantage
to	**blame sth. on s.o.**	reprocher qqch. à qqn
to	**blockade**	faire le blocus
to	**bow to blackmail**	céder au chantage
a	**branch** *(!)*	**1.** section syndicale **2.** succursale

C

to	**call a meeting**	convoquer une assemblée
to	**call a strike**	lancer un mot d'ordre de grève
to	**call off a strike**	annuler un mot d'ordre de grève
a	**can'canny strike**	grève perlée
a	**case**	**1.** cause **2.** affaire **3.** procès
to	**chant** *(!)* **slogans**	scander des slogans
a	**claim**	revendication, exigence

a	**claim for damages**	demande de dommages et intérêts
to	**claim one's rights**	revendiquer ses droits
to	**clash**	entrer en conflit
a	**closed shop**	entreprise qui n'embauche pas de travailleurs non syndiqués
a	**collective agreement**	convention collective
	collective bargaining	concertation, négociations collectives
to	**come to terms with sth.**	se résigner à qqch., finir par accepter qqch.
to	**complain**	se plaindre
a	**complainant**	plaignant
a	**complaint**	plainte, réclamation
a	**complaint (to make ~)**	porter plainte, déposer une plainte
to	**comply with sth.**	se conformer à qqch., se soumettre à qqch., se plier à qqch.
to	**compromise over sth.**	transiger sur qqch., aboutir à, accepter un compromis
	concern *indén.*	inquiétude, préoccupation
to	**contradict**	contredire
to	**cope with sth.**	faire face, être à la hauteur de qqch.
a	**counter-offer**	contre-proposition
a	**Court (of Justice)**	tribunal
to	**cross the picket lines**	franchir les piquets de grève

	damages ['dæmɪdʒɪz]	dommages et intérêts
a	**day-care centre**	crèche, halte-garderie
a	**deadlock**	impasse (situation bloquée)
a	**demand** *(!)*	revendication
a	**demarcation** *(!)* **dispute**	conflit des attributions (du travail)
a	**demo**	manif
to	**demonstrate** *(!)*	manifester
a	**demonstration** *(!)*	manifestation
a	**demonstrator** *(!)*	manifestant
to	**demote**	rétrograder
	determined to (to be ~)	être décidé à
to	**deter s.o. from doing sth.**	dissuader qqn de faire qqch.
a	**dilemma** [daɪ'lemə]	dilemme
	direct discrimination	discrimination au premier degré
a	**disability, a disablement**	handicap, infirmité
	disability insurance	assurance invalidité
a	**disability pension**	pension d'invalidité

the	**disabled** *nom coll.*	les handicapés
a	**disabled person**	handicapé(e)
	discriminated against (to be ~)	être victime de discrimination
	discrimination	discrimination
	discriminatory practices	pratiques discriminatoires
to	**discharge s.o.** *(!)*	congédier, renvoyer qqn
	discontent	mécontentement
to	**dismiss without notice**	renvoyer sans préavis
to	**dispute sth.**	discuter, débattre de qqch.
	dissatisfaction	mécontentement
	dissatisfied	mécontent
to	**downgrade**	rétrograder
a	**draft agreement**	protocole d'accord
to	**drag one's feet**	traîner les pieds, être réticent
to	**drop a claim**	renoncer à une revendication

E-F

	equal ['i:kwəl]	égal
	equal employment opportunities	égalité des chances sur le marché du travail
	equal to the job (to be ~)	être à la hauteur de la tâche
	equality	égalité
	ethnic minorities	minorités ethniques
to	**exert pressure**	exercer des pressions
to	**experience difficulties**	se heurter à des difficultés
	fallacious excuses [fə'leɪʃəs], **arguments**	excuses, arguments fallacieux
to	**fight / fought / fought one's way to the top**	se battre pour atteindre le sommet
a	**fine** [faɪn]	amende
	fined (to be ~)	être condamné à payer une amende
to	**fire**	renvoyer, licencier

G-I

to	**get into trouble**	s'attirer des ennuis
to	**get on in life**	réussir dans la vie
to	**get s.o. into trouble**	causer des ennuis à qqn
to	**give up a job**	abandonner un emploi
to	**go (out) on strike**	se mettre en grève
a	**go-slow strike**	grève perlée
to	**go to arbitration**	recourir à l'arbitrage

a	**grievance** ['gri:vəns]	grief, doléance
	harassment	harcèlement
to	**have s.o. tried**	faire passer qqn en jugement
to	**hire** ['haɪəʳ]	engager, embaucher
an	**increase**	augmentation
	indirect discrimination	discrimination au second degré
	industrial action *(!)*	action syndicale
	industrial relations	rapports sociaux, relations entre partenaires sociaux
	industrial upheaval	agitation ouvrière, sociale
	inequality	inégalité
	insurance [ɪn'ʃʊərəns]	assurance
to	**intimidate**	intimider
an	**issue** *(!)* ['ɪʃu:]	problème (sujet à controverse)

to	**jeopardize** ['dʒepədaɪz]	mettre en danger, porter préjudice, compromettre
to	**join a union**	adhérer à un syndicat
a	**joint committee**	commission paritaire
a	**Labor Court** *US*	tribunal des prud'hommes
a	**labor union** *US*	syndicat
a	**labour dispute**	conflit du travail
the	**Labour Exchange**	Bourse du Travail
the	**Labour Law** *GB*	législation, droit du travail
a	**labour strife**	conflit du travail
	labour troubles	troubles sociaux
	labour unrest	malaise, agitation sociale
the	**law**	loi
a	**lawyer** ['lɔjəʳ]	**1.** homme de loi **2.** avocat **3.** juriste
to	**lay / laid / laid off**	licencier pour raisons économiques
to	**lift the blockade** [blɒ'keɪd]	lever le blocus
a	**lightning strike**	grève surprise
a	**lockout**	fermeture d'entreprise à l'initiative de la direction, en réponse à une grève
to	**lodge a complaint**	porter plainte, déposer une plainte
to	**look for trouble**	chercher des ennuis

to	**make up for sth.**	compenser, rattraper qqch.
	male chauvinism ['ʃəʊvɪnɪzəm]	sexisme, phallocratie
a	**male chauvinist** ['ʃəʊvɪnɪst]	sexiste, phallocrate
the	**male-dominated sphere** [sfiːə^{r}]	secteurs réservés aux hommes
to	**manœuvre** *GB*, **maneuvre** *US* [mə'nuːvə^{r}]	manœuvrer (intriguer)
a	**march** *(!)*	défilé
to	**meet / met / met a demand**	satisfaire des revendications
a	**mental handicap**	handicap mental
the	**mentally handicaped** *nom coll.*	les handicapés mentaux
to	**object to sth. or s.o.**	élever des objections contre qqch. ou qqn
an	**official strike** *(!)*	grève organisée
to	**offset**	compenser, contrebalancer
an	**open shop**	entreprise qui embauche des travailleurs syndiqués ou non
	organised labour *(!)*	main-d'œuvre syndiquée

to	**pass** *(!)* **a Bill**	voter une loi
a	**patronizing attitude**	condescendance, paternalisme
a	**penalty**	sanction pénale
to	**picket**	faire le piquet de grève
a	**picket-line**	piquet de grève
a	**plaintiff**	plaignant
	pregnancy leave	congé de maternité
to	**press a claim**	formuler une revendication
to	**press demands**	formuler des exigences
	pressure ['preʃə^{r}] *indén.*	pressions, tension
a	**promise** ['prɒmɪs]	promesse
	proposals	propositions
a	**protest strike**	grève de protestation
to	**push oneself forward**	se mettre en avant, faire de l'arrivisme
to	**put the blame for sth. on s.o.**	reprocher qqch. à qqn, rendre qqn. responsable de qqch.

a	**quota** ['kwəʊtə]	quota
	racial discrimination ['reɪʃəl]	discrimination raciale

	racial prejudice *(!)* ['predʒʊdɪs]	racisme
	racial prejudices	préjugés raciaux
to	**raise a complaint** [reɪz]	porter plainte, déposer une plainte
to	**raise a strong protest**	élever des protestations énergiques
a	**rally** *(!)* ['rælɪ]	rassemblement
the	**rank and file**	base (ouvrière)
a	**rash of strikes**	vague de grèves
to	**reach an agreement**	aboutir à un accord
to	**rehabilitate**	**1.** réhabiliter **2.** rééduquer
	rehabilitation	rehabilitation
a	**relationship**	rapport, relation (personnelle)
	released pending trial (to be ~)	être libéré en attente de jugement
to	**resign** *(!)*	démissionner
a	**resignation** *(!)*	démission
to	**resolve a dispute**	résoudre un conflit
to	**resort to force**	avoir recours à la force
a	**right**	droit
a	**riot** ['raɪət]	émeute
the	**riot police**	police anti-émeute
a	**rise**	augmentation
a	**roadblock**	barrage routier
a	**round of talks**	série de négociations
a	**round-table discussion**	table ronde (négociation)

to	**sack**	mettre à la porte
a	**scab**	«jaune», briseur de grève
a	**scapegoat**	bouc émissaire
	secondary picketing	piquet de grève devant une autre entreprise, par solidarité
a	**second-rate citizen**	citoyen de seconde zone
a	**secret ballot**	vote à bulletin secret
	self-confident	sûr de soi
to	**settle a dispute**	régler un conflit
	sex discrimination, sexism	sexisme, discrimination sexuelle
a	**shop** *(!)*	atelier
the	**shop-floor**	base (ouvrière)
a	**shop-steward** [–'stjuːəd]	délégué syndical (d'atelier)
a	**shutdown**	fermeture définitive (usine, théâtre, etc.)
to	**side with s.o.**	se ranger du côté de qqn

a	**sign** *(!)*	pancarte
a	**sit-down strike**	grève sur le tas
a	**slow-down strike**	grève perlée
a	**solicitor** *GB (!)*	**1.** notaire *(approximation)* **2.** avoué
to	**stage a demonstration**	organiser une manifestation
a	**statement**	déclaration
a	**stay-in strike**	grève avec occupation des locaux
a	**strike**	grève
to	**strike / struck / struck**	faire la grève
a	**strike action**	mouvement de grève
	strike benefits	indemnités payées aux grévistes
a	**strike breaker**	briseur de grève
a	**strike committee**	comité de grève
	strike funds	caisse de grève
	strike pay	indemnités payées aux grévistes
a	**strike picket**	piquet de grève
a	**striker**	gréviste
to	**struggle to the top**	se battre pour atteindre le sommet
to	**sue s.o. at law** [suː]	intenter un procès à qqn
to	**sue s.o. for damages** ['dæmɪdʒɪz]	poursuivre qqn en dommages et intérêts
to	**suffer insults**	subir des insultes
a	**sympathy strike**	grève de solidarité

T-U

the	**Teamsters (Union of Trucking and Warehousing Workers)** *US*	principal syndicat de transporteurs et de manutentionnaires aux USA
a	**token strike**	grève symbolique
	tough [tʌʃ]	**1.** dur, ardu (travail) **2.** peu commode (personne)
a	**trade(s)(-) union** *GB*	syndicat
a	**treatment**	traitement
a	**trial** [traɪəl]	procès
	unequal	inégal
a	**union** *(!)*	syndicat
	union dues, union fees	cotisations syndicales
	unionism	syndicalisme
a	**unionist**	syndicaliste
a	**union member**	membre d'un syndicat
the	**union movement**	mouvement syndical
a	**union official**	responsable syndical

a	**union representative**	représentant syndical
a	**union shop**	entreprise qui n'embauche pas de travailleurs non syndiqués
	unrest	agitation
an	**upheaval**	agitation

a	**vexation** *(!)*	affront
a	**vote by show of hands**	vote à main levée
a	**wage agreement**	accord salarial
a	**walk-out**	débrayage
to	**walk out**	débrayer
a	**wheel-chair**	fauteuil roulant
a	**wild-cat strike**	grève sauvage
to	**win / won / won one's case**	gagner son procès
	women's lib	mouvement de libération de la femme
	women's liberationists, women's libbers	féministes militantes
to	**work out a contract**	élaborer un contrat
to	**work out a scheme** [ski:m]	élaborer un plan
a	**work stoppage**	arrêt de travail
a	**work-to-rule strike**	grève du zèle
a	**yellow-dog contract** *US*	convention non conforme aux règlements syndicaux

Réunions et conférences
Meetings & conferences

A-B

an	**abstention**	abstention
to	**act ultra vires** [ˌʌltrə'vaɪəri:z]	commettre un excès de pouvoir
to	**address the Chair**	en appeler au président de séance
to	**adjourn** [ə'dʒɜ:n]	ajourner
the	**agenda** *(!)*	ordre du jour, programme d'une réunion
an	**amendment**	amendement (à une proposition)
the	**annual general meeting, AGM**	assemblée générale annuelle
	Any Other Business, AOB	questions diverses (à la fin d'un ordre du jour)
an	**apology** *(!)*	excuse
to	**appeal to the Chair**	en appeler au président de séance
	ballot papers	bulletins de vote
a	**bar chart**	graphique à barres, histogramme
	by proxy	par procuration, par mandataire

C

to	**carry over**	reporter
a	**casting vote**	voix prépondérante (accordée au président d'une assemblée quand les avis sont également partagés)
	chair ! chair ! *(!)*	à l'ordre !
the	**chairman, the chairwoman, the Chair**	président(e) de séance
a	**chart**	**1.** tableau, organigramme **2.** graphique, courbe
a	**cleaning kit**	nécessaire de nettoyage
a	**committee** [kə'mɪtɪ]	comité
a	**conference**	conférence, consultation
to	**confirm the minutes**	approuver le procès-verbal
a	**congress**	congrès
a	**consensus**	consensus
a	**co-opted member**	membre co-opté

D-L

a	**delegate**	délégué
to	**demand the floor**	réclamer, exiger la parole
the	**deputy Chair, the vice Chair**	vice-président(e) de séance
an	**ex(-)officio member**	membre de droit
an	**extraordinary general meeting**	assemblée générale extraordinaire
a	**flip chart**	tableau de conférence
	for and against	votes pour ou contre une motion
to	**have the floor**	avoir la parole
to be	**in attendance**	assister sans être partie prenante, être observateur
	in camera	à huis clos
	in the Chair (to be~)	présider
an	**interpreter**	interprète
	intra vires [ˌɪntrəˈvaɪəriːz]	qui est dans les attributions, statutaire
to	**leave / left / left the chair**	lever la séance
a	**line graph**	graphique en courbe

M-O

a	**mailing list**	publipostage
a	**majority report**	rapport, procès-verbal approuvé à la majorité
	matters arising	questions soulevées
a	**member**	membre
a	**minority report**	rapport, procès-verbal approuvé par une minorité
the	**minute book**	registre des procès-verbaux, des délibérations
the	**minutes** *(!)* [ˈmɪnɪts]	procès-verbal, compte rendu
the	**minutes secretary**	secrétaire de séance
a	**motion**	motion, proposition
a	**motion of no confidence**	motion de défiance
to	**move a resolution**	proposer une motion, déposer une résolution
	nem. con., nemine contradicente *latin*	à l'unanimité, sans opposition
	nem. diss., nemine dissidente *latin*	à l'unanimité, sans opposition
a	**note**	note, mémorandum
a	**notice of meeting**	convocation à une réunion
an	**observer**	observateur
	off the record	**1.** officieux **2.** officieusement
an	**overhead projector, OHP**	rétroprojecteur

P-R

a	**pamphlet**	prospectus, notice
a	**pie chart** [paɪ]	graphique à secteurs, «camembert»
a	**planner**	tableau
a	**plug**	fiche électrique mâle
the	**power supply**	courant, alimentation électrique
the	**president**	président
a	**proposer**	personne qui présente une motion ou parraine un candidat
a	**proposition**	proposition
a	**proxy**	procuration
the	**quorum** ['kwɔːrəm]	quorum
to	**receive a report** *(!)*	accepter, adopter un rapport
	remote control	télécommande
a	**representative**	représentant
a	**resolution**	motion
a	**rider**	annexe, papillon (d'un document)
a	**right of reply**	droit de réponse

S-W

the	**seconder**	deuxième parrain (d'un candidat, d'une motion)
a	**sheet**	feuille (de papier)
	sine die	sine die
a	**slide**	diapositive
a	**slide projector**	projecteur de diapositives
a	**socket**	prise électrique femelle
to	**speak / spoke / spoken from the Chair**	parler en tant que président
	static electricity	électricité statique
a	**sub-committee** [–kə'mɪtɪ]	sous-comité
to	**support the Chair**	se ranger à l'avis du président de séance
to	**table a motion**	présenter une motion
to	**take / took / taken the floor**	prendre la parole
to	**take the minutes of a meeting**	rédiger le procès-verbal d'une réunion
a	**teleconference**	téléconférence
a	**transparency**	transparent
the	**treasurer**	trésorier
	ultra vires [ˌʌltrə'vaɪəriːz]	au-delà des pouvoirs, anti-statutaire
	unanimous	unanime

to	**vacate the Chair**	lever la séance
the	**vice president**	vice-président
a	**video**	cassette vidéo
a	**video disc**	vidéodisque
a	**video recorder**	magnétoscope
	voted into the Chair (to be ~)	être élu président
	voting rights	droits de vote, droits de scrutin
a	**whiteboard**	tableau blanc
a	**working party**	groupe de travail

Télécommunications
Telecommunications

A-C

the	**addressee** [ˌædre'siː]	destinataire
an	**addressing machine**	machine à adresser
	airmail	**1.** courrier par avion **2.** poste aérienne
an	**airmail letter**	lettre par avion
an	**answerback code**	indicatif (télex)
an	**answering machine**	répondeur
an	**answer phone**	répondeur
	approved for connection	agréé par les Postes
an	**area code** ['ɛərɪə]	indicatif téléphonique
to	**be on hold**	rester en attente, ne pas quitter
to	**be on the phone**	avoir le téléphone, être dans l'annuaire
a	**bleeper**	«beeper» *(faux anglicisme)*
a	**call charge**	taxe de communication
	call logging	enregistrement des appels
a	**call**	appel téléphonique
a	**caller,** a calling party	demandeur
a	**certificate of posting**	récépissé (d'envoi recommandé)
a	**collator**	collateur
a	**collection**	levée (de courrier)
to	**connect**	mettre en communication
	connected (to be ~)	être en ligne
a	**cordless phone**	téléphone sans fil
to	**cut / cut / cut off**	couper (une communication)

D-G

	data transmission ['deɪtə]	transmission de données
a	**delivery**	distribution (de courrier)
to	**dial a number** ['daɪəl]	composer un numéro
a	**dialling tone**	tonalité
	digital	numérique
	engaged	occupé (téléphone)

	Enquiries [en'kwaɪərɪz]	Renseignements (le «12»)
an	**extension**	poste
a	**fax, a facsimile**	télécopie
a	**fax machine**	télécopieur
	first class mail	courrier normal
a	**folding machine**	plieuse
to	**forward**	faire suivre
a	**franking machine**	machine à affranchir
	freephone	«numéro vert»
	general delivery *GB*, **poste restante** *US*	poste restante
a	**green number**	«numéro vert»

H-O

to	**hold / held / held the line**	ne pas quitter, rester en attente (au téléphone)
	International Direct Dialling, IDD	appel international par l'automatique
	Integrated Services Digital Network, ISDN	Réseau Numérique à Intégration de Services, RNIS («Numéris»)
an	**international reply coupon**	coupon-réponse international
	inward mail	courrier en provenance de l'étranger ou de la province
a	**letter box** *GB*, **a mail box** *US*	boîte aux lettres
to	**look up a number**	chercher un numéro
	mail	courrier, correspondance
a	**mail box** *US*, **a letter box** *GB*	boîte aux lettres
a	**modem (MOdulator-DEModulator)** ['məudəm]	modem (MOdulateur-DEModulateur)
the	**mute key**	touche «secret»
the	**mute position**	position «secret»
a	**network**	réseau
	outgoing mail	courrier départ
	outward mail	courrier en partance pour l'étranger ou la province

P

	paging machine	appareil de télécommunication mobile (type «Alphapage»)
a	**parcel**	colis
a	**pillar box** *GB*, **a mail box** *US*	boîte aux lettres
to	**post**	mettre à la poste
a	**post(al)code** *GB*, **zip code** *US*	code postal

	postal rates	tarifs postaux
	poste restante *US*, **general delivery** *GB*	poste restante
a	**postman**	facteur, préposé
a	**postmaster**	receveur des postes
the	**Postmaster General** *GB*	ministre des Postes et Télécommunications
a	**press-button phone**	téléphone à touches
	Prestel *GB*	système vidéotex britannique, équivaut au «Minitel»
	printed matter	imprimés
a	**Private Automatic Branch Exchange, PABX**	standard téléphonique
a	**Private Branch Exchange, PBX**	standard téléphonique
to	**put / put / put s.o. through**	mettre en communication, passer qqn

to	**radiopage**	appeler par radio
a	**radiophone**	radio-téléphone
a	**radio wave**	onde radio, hertzienne
a	**receiver**	combiné
a	**receptionist**	réceptionniste
a	**registered letter**	lettre recommandée
to	**replace the receiver**	raccrocher (le combiné)
a	**returned letter**	lettre renvoyée
to	**reverse charges**	appeler en PCV

	second class mail	courrier à tarif réduit
the	**sender**	expéditeur
to	**sort**	trier
a	**sorting office**	bureau de tri
	"speaking..."	«à l'appareil...»
a	**stamp**	**1.** timbre **2.** tampon **3.** estampille
to	**stamp a letter**	affranchir une lettre
a	**subscriber**	abonné
	Subscriber Trunk Dialling, STD	automatique interurbain
	surface mail	courrier ordinaire, par voie terrestre
a	**switchboard operator**	standardiste

a	**telephone book, a telephone directory**	annuaire téléphonique
a	**telephone booth** *US*, **a telephone box** *GB*	cabine téléphonique
a	**telephone exchange**	central téléphonique
to	**teleprint**	transmettre par téléscripteur
a	**teleprinter**	téléscripteur
to	**telex**	envoyer par télex
	teletext	télétexte, vidéotex diffusé
a	**trunk call**	appel interurbain
an	**unlisted number**	numéro sur liste rouge
a	**videophone**	vidéophone, visiophone
a	**viewdata service** ['vjuːdeɪtə]	service vidéotex
a	**wrong number**	faux numéro
a	**zip code** *US*, **a post(al) code** *GB*	code postal

Compléments

Abréviations 158
Américanismes 170
Faux amis 171
Incoterms 176
Monnaies 177
Poids et mesure 180
Sigles 182

Abréviations

Abréviation	Terme complet	Équivalent français
%	per cent	pour cent, %
&	ampersand	«et» commercial
@	at	à
©	copyright	droit d'auteur
®	Registered Trademark	marque déposée
° C	degrees Centigrade	degrés centigrade, ° C
° F	degrees Fahrenheit	degrés Fahrenheit, ° F
™	trademark	marque commerciale
aar	against all risks	contre tous risques
abbr., abbrev.	abbreviated, abbreviation	abrégé, abréviation
abr.	abridged, abridgment	abrégé, abréviation
a/c	account	compte, c(pte)
acc.	accepted	accepté
acce.	acceptance	acceptation
accy	accountancy	comptabilité
acv	actual cash value	valeur effective au comptant
AD	anno domini	après Jésus-Christ, ap. JC
ad	advertisement	annonce
a/d	after date	hors délai
ADG	Assistant Director General	
admin.	administration	administration
ad val	ad valorem	ad valorem, ad val
ADX	Automatic Data Exchange	
AFE	Authorisation for Expenditure	
AG	Attorney General	procureur général
agcy	agency	agence
AGM	Annual General Meeting	assemblée générale annuelle
agt	agent	concessionnaire, caire
AIDA	Attention Interest Desire Action	
A-level	advanced level	baccalauréat *(approx.)*
a.m.	ante meridiem	du matin
amt	amount	montant
AO	Accounting Officer	
AO	Administration Officer	
a/o.	account of	pour le compte de
AOB	Any Other Business	affaires diverses
appro., on appro.	on approval	à l'essai

approx.	**approximately**	approximativement
APR	**Annual Percentage Rate**	
Apr.	**April**	avril
AR	**all risks**	tous risques *(assurance)*
AR	**Annual Return**	
a/s.	**at sight**	*(payable)* à vue
asap	**as soon as possible**	dès que possible
ass.	**assurance**	assurance, asse.
asst	**assistant**	adjoint ; assistant
ATM	**Automated Teller Machine**	Guichet Automatique de Banque
Aug.	**August**	août
av.	**average**	moyenne ; avaries
avdp	**avoirdupois**	système britannique de poids et mesures
B & B	**Bed and Breakfast**	chambre et petit déjeuner
B A	**Bachelor of Arts**	licence de Lettres *(approx.)*
bal.	**balance**	balance, bce ; solde
B C	**before Christ**	avant Jésus-Christ, av JC
B Com	**Bachelor of Commerce**	
be	**bill of exchange**	lettre de change, l/c ; traite, T
B Econ	**Bachelor of Economics**	
bf	**(balance) brought forward**	(solde) reporté, report
bkge	**brokerage**	courtage, cage
b/l	**bill of lading**	connaissement, connt
BO	**branch office**	agence, succursale
Bo	**borough**	municipalité, circonscription
BOE	**Barrel of Oil Equivalent**	Tonne d'Équivalent Pétrole
BoE	**Bank of England**	
bp	**bill payable**	effet à payer, e. à p.
br	**bill receivable**	effet à recevoir, e. à r.
Bros	**brothers**	
bs	**balance sheet**	bilan
B Sc.	**Bachelor of Science**	licencié -es- sciences *(approx.)*
bu	**bushel**	mesure de capacité
C	**centigrade**	centigrade, C
c & f	**cost and freight**	coût et fret, CF
ca	**current account**	compte courant, c/c
ca	**currents assets**	actif
CAD	**Computer-Assisted Design**	Conception Assistée par Ordinateur, CAO
CAL	**Computer-Assisted Learning**	Enseignement Assisté par Ordinateur, EAO

CAMP	**Computer-Assisted Management & Production**	Gestion et Production Assistés par Ordinateur, GPAO
CAT	**Computer Aided / Assisted Training / Teaching**	Enseignement Assisté par Ordinateur, EAO, enseignement automatisé
CB	**cash book**	livre de caisse
cbd	**cash before delivery**	paiement comptant avant livraison
cc	**cubic centimetre**	centimètre cube
cd	**carried down**	à reporter
CD-Rom	**Compact-Disc, Read-only memory**	Disque Optique Compact, DOC Disque Optique Numérique, DON
cent.	**centime**	centime c., cent
CEO	**Chief Executive Officer**	Président-Directeur Général, PDG
cert.	**certificate**	certificat, certif.
cf	**carriage forward**	port dû, p.d.
CGT	**capital gains tax**	impôt sur les plus-values
c/i	**certificate of insurance**	certificat d'assurance
cia	**cash in advance**	paiement comptant anticipé
cif	**cost, insurance and freight**	coût, assurance, fret, CAF
CIM	**Computer Integrated Manufacturing**	productique
cl	**centilitre**	centilitre, cl
cm	**centimetre**	centimètre, cm
cmdty	**commodity**	matière première
cn	**cover note**	lettre de couverture
cn	**credit note**	note de crédit
c/o	**care of**	aux bons soins de
Co.	**Company**	compagnie, Cie ; société, Sté
cod	**cash on delivery**	livraison contre remboursement
com(m)	**commission**	commision, com.
cont(')d	**continued**	à suivre
convd	**converted**	converti, conv.
corp.	**corporation**	société
corr.	**correspondence**	correspondance, corresp.
CP	**carriage paid**	franco, fco ; port payé, p.p.
C/P	**charter party**	charte-partie
cp.	**coupon**	coupon, coup.
CPU	**Central Processing Unit**	unité centrale
CR	**at carrier's risk**	aux risques du transporteur
cr	**at company's risk**	aux risques de l'entreprise
cr.	**credit**	avoir, Av. ; crédit, cr.
CRS	**Computer Reservation Systems**	services de réservation électronique

cu	**cubic**	cube
cum.	**cumulative**	cumulatif, cum.
cv	**curriculum vitae**	curriculum vitae, cv
cwo	**cash with order**	paiement comptant à la commande
cwt	**hundredweight**	env. 50 kg
D.C.	**District of Columbia** *US*	*la ville de Washington*
DA	**District Attorney** *US*	Procureur de la République
da	**deposit account**	compte d'épargne
da	**documents against acceptance**	documents contre acceptation, DA
dap	**documents against payment**	documents contre paiement, DP
db	**day book**	journal, jl
db.	**debenture**	obligation, obl.
dbb (DB & B)	**dinner, bed and breakfast**	
dd	**direct debit**	prélèvement automatique
dd	**due date**	échéance
Dec.	**December**	décembre
def.	**deferred**	différé, dif.
dely	**delivery**	livraison, livr.
denom.	**denomination**	coupure, coup.
dept.	**department**	service, serv.
dft	**draft**	traite, T .
disc.	**discount**	escompte, esc.
div.	**dividend**	dividende, div.
DIY	**Do It Yourself**	bricolage
do	**ditto**	idem
dol.	**dollar**	dollar, dol.
DOS	**Disk Operating System**	système d'exploitation
doz.	**dozen**	douzaine, douz., dz.
DP	**Data Processing**	traitement de données, informatique
dp	**documents against payment**	documents contre paiement, DP
DPR	**Director of Public Relations**	
dr., Dr	**debtor**	débiteur, débit, dr.
E & OE	**errors and omissions excepted**	sauf erreur ou omission, s.e. & o.
E-mail	**electronic mail**	messagerie électronique
e.g.	**exempli gratia, for example**	par exemple, p. ex.
ed.	**editor, edition**	éditeur, éd. ; édition, éd(it).
EDI	**Electronic Data Interchange**	Échange de Documents Informatisés, EDI
EGM	**Extraordinary General Meeting**	
enc., encl.	**enclosure(s), enclosed**	pièce(s) jointe (s), PJ ; inclus, incl.

EOE	**errors and omissions excepted**	sauf erreur ou omission
eom	**end of month**	
eoy	**end of year**	
esp.	**especially**	spécialement
Esq.	**Esquire** *(après le nom)*	Monsieur
est.	**established**	fondé
ETA	**estimated time of arrival**	date prévue d'arrivée
ETD	**estimated time of departure**	date prévue de départ
ex.	**example**	exemple
ex.	**exchange**	échange
ex.	**extra**	extra ; supplément
excl.	**excluded, excluding**	à l'exclusion de
excl.	**exclusive**	exclusivement
ex cp.	**ex coupon**	ex-coupon, ex-c(oup).
ex div.	**ex dividend**	ex-dividende, ex-d.
exec.	**executive**	cadre
exec.	**executor**	exécuteur
exp.	**expense(s)**	dépense(s)
exp.	**export**	exportation, exp.
ext.	**extension**	poste *(téléphonique)*
exw	**ex works**	départ usine
F	**Fahrenheit**	Fahrenheit, F
faa	**free of all average**	franc de toutes avaries
FAQ	**fair average quality**	qualité commerciale courante
FAR	**forwarding agent's receipt**	reçu d'un transitaire
fas	**free alongside ship**	franco quai
f/c	**for cash**	comptant
FCL	**full container load**	chargement complet en conteneurs
Feb.	**February**	février
fed.	**federal**	fédéral, féd.
fed.	**federation**	fédération, féd.
fga	**free of general average**	franc d'avaries communes, FAC
FIFO PAPS	**first in / first out**	premier arrivé / prernier sorti,
fig.	**figure**	figure, fig.
FILO	**first in / last out**	premier arrivé / dernier sorti, PADS
FIO	**free in and out**	chargé et déchargé au frais du chargeur
fl. oz	**fluid ounce**	
fob	**free on board**	franco de bord, franco à bord, f. à b.

foc	**free of charge**	gratuit
for	**free on rail**	franco wagon
fp	**fully paid**	libéré, lib.
fpa	**free of particular average**	franc d'avaries particulières, FAP
Fri.	**Friday**	vendredi
F/S	**financial statement**	situation de trésorerie état financier
ft	**foot, feet**	pied(s)
g	**gram (me)**	gramme, g
ga	**general average**	avaries communes, a. c.
gal	**gallon**	mesure de capacité, environ 4,5 l.
gds	**goods**	marchandise
GMT	**Greenwich Mean Time**	heure du méridien de Greenwich, heure GMT
Govt.	**government**	gouvernement
GP	**General Practitioner**	médecin généraliste
gr. wt	**gross weight**	poids brut
gt	**gross tonnage**	tonnage brut
h, hr(s)	**hour(s)**	heure(s), h.
HGV	**Heavy Goods Vehicle**	poids lourd
HM	**His Her Majesty**	Sa Majesté
ho	**head office**	siège social
Hon.	**Honourable**	
hp	**hire purchase**	vente à crédit
hp	**horse power**	cheval-vapeur, c.v.
HQ	**headquarters**	quartier général
HST	**High Speed Train**	Train à Grande Vitesse
ht	**height**	hauteur, h.
i. e.	**id est, that is to say**	c'est-à-dire, c.-à-d.
ID	**identity, identification**	
id.	**idem**	idem
IDD	**International Direct Dialling**	appel international par l'automatique
imp.	**import**	importation, imp.
in(s)	**inch(es)**	pouce(s)
Inc.	**Incorporated** *US*	société anonyme
incl	**included, including, inclusive**	inclus, incl ; y compris ; inclusivement
info.	**information**	information, renseignement
ins.	**insurance**	assurance, asse
inst.	**instant**	courant
inst.	**institute**	institut
int.	**interest**	intérêt, int.

intl.	**international**	international
inv.	**invoice**	facture, fre
IOU	**"I owe you"**	reconnaissance de dette
ISDN	**Integrated Services Digital Network**	Réseau Numérique à Intégration de Services, RNIS («Numéris»)
ITC	**Inclusive Tours Charters**	forfaits voyage
j/A	**joint account**	compte joint
Jan.	**January**	janvier
jr, jnr, jun, junr	**junior**	jeune, fils
Jun.	**June**	juin
kg	**kilo(gram)**	kilo(gramme), kg
kl	**kilolitre**	kilolitre, kl
km	**kilometre**	kilomètre, km
km/h	**kilometres per hour**	kilomètre heure, km/h
kt	**kiloton, kilotonne**	kilotonne, kt
kW	**kilowatt**	kilowatt, kW
kWh	**kilowatt-hour**	kilowatt-heure, kWh
l	**litre**	litre, l
lat.	**latitude**	latitude
lb	**pound (weight)**	livre (poids), lb
LBO	**Leveraged Buy-Out**	Rachat d'Entreprise par les Salariés avec effet de levier, RES
l /c	**letter of credit**	lettre de crédit, l/cr.
LCD	**Liquid Crystal Display**	affichage à cristaux liquides
LDC	**Less Developed Country**	pays sous-développé, PVD
led.	**ledger**	grand(-)livre, g. l.
LIFO	**last in / first out**	dernier arrivé / premier servi, DAPS
LILO	**last in / last out**	dernier arrivé / dernier servi, DADS
ll	**lines**	lignes
LMBO	**Leverage(d) Management Buy-Out**	Rachat d'Entreprise par les Cadres avec Effet de Levier, RECEL
Ltd	**Limited (Company)**	Société anonyme, S.A., société à responsabilité limitée, SARL
LV	**Luncheon Voucher**	ticket-repas
m	**metre**	mètre
m	**month**	mois
MA	**Master of Arts**	maîtrise de Lettres *(approx.)*
m/a	**my account**	mon compte, m/c
Mar.	**March**	mars
max.	**maximum**	maximum, max.

MBA	**Master of Business Administration**	maîtrise de Gestion
MBO	**Management By Objectives**	gestion par objectifs
memo.	**memorandum**	memorandum
Messrs.	**Messieurs**	MM., Messieurs
mfd	**Manufactured**	manufacturé, fabriqué
mfrs	**manufacturers**	fabricants
mg	**milligram**	milligramme, mg
min.	**minimum**	minimum, min.
misc.	**miscellaneous**	divers
Miss		Mademoiselle, Mlle
mm	**millimetre**	millimètre, mm
mo	**mail order (business)**	vente par correspondance, VPC
mo	**money order**	mandat-poste, MP
m/o	**my order**	mon ordre, m/ o
Mon.	**Monday**	lundi
mortg.	**mortgage**	hypothèque, hyp.
mpg	**miles per gallon**	litres au cent km
mph	**miles per hour**	kilomètres à l'heure
m/r	**mate's receipt**	reçu, certificat de bord
Mr(.)	**Mister**	Monsieur, M.
Mrs(.)		Madame, Mme.
MS	**Manuscript**	manuscrit, MS
Ms(.)		*devant le nom d'une femme, mariée ou non*
M Sc.	**Master of Science**	maîtrise de Sciences *(approx.)*
M/U	**making-up-price**	cours de compensation, cc.
n	**name**	nom, N
n	**nominal**	nominal, N
nat.	**national**	national
NB	**nota bene**	nota bene, NB
ncd	**no claim discount**	bonus *(assurances)*
ncr	**no carbon required**	
ncv	**no commercial value**	sans valeur commerciale
nf	**no funds**	défaut de provision
NICs	**Newly Industrialised Countries**	Nouveaux Pays Industrialisés, NIP
nm	**nautical mile**	
no.	**number**	numéro, n°
nos	**numbers**	numéros, n^{os}
Nov.	**November**	novembre
nsf	**no sufficient funds**	insuffisance de provision
O-level	**ordinary level (ancien sytème)**	Brevet des Collèges *(approx.)*

o/a	**on account of**	à valoir
OAP	**Old Age Pensioner**	retraité(e)
o/c	**overcharge**	surcharge
OCR	**Optical Character Reader**	lecteur optique
OCR	**Optical Character Recognition**	Reconnaissance Optique des Caractères, ROC
Oct.	**October**	octobre
od	**on demand**	sur demande, à vue
od	**overdraft**	découvert
od	**overdrawn**	à découvert
offs	**offices**	bureaux, burx
o/h	**overheads**	frais généraux, FG
OHMS	**On His Her Majesty's Service**	
OHP	**overhead projector**	rétroprojecteur
ono	**or nearest offer**	ou offre la plus proche
or	**owner's risk**	aux risques du propriétaire
ord.	**order**	commande
OS	**Operating System**	système d'exploitation
os	**out of stock**	épuisé, manque en magasin
OT	**overtime**	heures supplémentaires, heures sup.
otc	**over the counter**	vente aux particuliers
OTS	**Opportunities To See**	Occasions De Voir, ODV
Our ref.	**our reference**	notre référence, n Réf.
oz	**ounce**	once
p	**page**	page
p	**penny, pence**	penny, pence
p	**premium**	prime
p & l	**profit and loss**	pertes et profits
p & p	**postage and packing**	port et emballage
p. a	**public address (system)**	sonorisation
p. a.	**particular average**	avaries particulières
p. a.	**per annum**	par an, p. a.
p. a.	**personal assistant**	secrétaire *(de direction)*
p. m.	**post meridiem**	du soir
p. p.	**per procurationem**	per procuration, p. p.
p. p.	**postpaid**	affranchi
p. p.	**prepaid**	prépayé
p. v.	**par value**	valeur au pair, parité
PABX	**Private Automatic Branch Exchange**	standard téléphonique
pat.	**patent**	brevet
PAYE	**pay-as-you-earn**	prélèvement direct sur salaire

PBX	**Private Branch Exchange**	standard téléphonique
PC	**Personal Computer**	ordinateur individuel
pc	**per cent**	pour cent, %
pc	**petty cash**	petite caisse
pc	**price current**	prix courant
pd	**paid**	payé, acquitté
per pro	**per procurationem**	par procuration, pp
pg	**paying guest**	pensionnaire
PhD	**Philosophiae Doctor, Doctor of Philosophy**	Titulaire d'une thèse de doctorat
pkg	**package, packing**	paquet, emballage
pkt	**packet**	paquet
PLC	**Public Limited Company**	société anonyme
p/n	**promissory note**	billet à ordre, B/.
PO	**postal order**	mandat-poste, MP
POP	**Post Office Preferred**	format homologué des Postes
pp	**payment and postage**	
pp.	**pages**	pages, pp.
PR	**Public relations**	relations publiques
pr.	**price**	prix, px
Pres.	**president**	président
prf.	**preference**	(actions) de préférence, préf.
prox.	**proximo**	(mois) prochain, pr.
PS	**postscript**	post-scriptum, PS
pt	**payment**	paiement
pt	**pint**	pinte, environ 0,56 l.
PTO	**please turn over**	tournez s'il-vous-plaît, TSVP
q, qt	**quart**	
qnty, qty	**quantity**	quantité, q.
qtr	**quarter**	quart
qtr	**quarterly**	trimestriel
R & D	**Research and Development**	recherche et développement, service d'études
RAM	**Random Access Memory**	mémoire vive
rced, rcvd	**received**	reçu, pour acquit
RD	**refer(red) to drawer**	retour au tireur
rd	**road**	rue, r.
re.	**regarding**	en ce qui concerne
recpt, rept	**receipt**	reçu, quittance
red.	**redeemable**	amortissable, remboursable, remb.
ref.	**reference**	référence, Réf.
regd	**registered**	recommandé, r.

rep.	**representative**	représentant
ROM	**Read-Only Memory**	mémoire morte
rpm	**revolutions per minute**	tours minute
RSVP	**please reply**	répondez s'il-vous-plaît, RSVP
SA	**savings account**	compte d'épargne
sae	**self-addressed envelope**	enveloppe au nom de l'expéditeur
sase	**self-addressed stamped envelope**	enveloppe affranchie au nom de l'expéditeur
Sat.	**Saturday**	samedi
SC	**self-catering accommodation**	logement de vacances en location
SE	**Stock Exchange**	la Bourse
sec.	**second**	second(e)
sec.	**secretary**	secrétaire
sen.	**senior**	
sept.	**Septembre**	septembre
sgd	**signed**	signé, s.
sh., shr.	**share**	action, act. ; titre, t.
sit.	**situation**	emploi
sits.vac	**situations vacant**	offres d'emploi
Snr	**senior**	aîné, père
so	**seller's option**	prime vendeur
so	**standing order**	ordre de transfert permanent
sop	**standard operating procedure**	procédure normale à suivre
sq	**square**	carré, c
sr.	**senior**	
SS	**steamship**	navire à vapeur
St	**street**	rue, r.
st	**short ton**	907 kg
st	**stone**	environ 6,35 kg
STD	**Subscriber Trunk Dialling**	automatique interurbain
ster.	**sterling**	livre sterling
stk	**stock**	titre, t., valeur, val., V. ; stock *(en magasin)*
Sun.	**Sunday**	dimanche
t.	**tare**	tare
t.	**ton, tonne**	tonne
TA	**telegraphic address**	adresse télégraphique, ad(r). tél.
TB	**tuberculosis**	tuberculose
tel.	**telephone**	téléphone, tél.
temp.	**temporary secretary**	secrétaire intérimaire
temp. tel. no.	**telephone number**	numéro de téléphone, n° de tél.
Thurs.	**Thursday**	jeudi
tr.	**transfer**	transfert, virement, virt.

TT	**telegraphic transfer**	transfert télégraphique, tt.
Tues.	**Tuesday**	mardi
Tx	**telex**	télex
ult.	**ultimo**	*(du mois)* écoulé
usc	**under separate cover**	sous pli séparé
USP	**Unique Selling Proposition**	proposition exclusive et vendeuse
U/W	**underwriter**	membre d'un syndicat de garantie
VAT	**Value Added Tax**	Taxe à la Valeur Ajoutée, TVA
VCR	**Video Cassette Recorder**	magnétoscope
VDT	**Visual Display Terminal**	moniteur, écran de visualisation
VDU	**Visual Display Unit**	moniteur, écran de visualisation
vfm	**value for money**	bon rapport qualité prix
VIP	**Very Important Person**	
vo	**verso**	verso, vo., v°
vol.	**volume**	volume, vol.
VRP	**Very Representative Person**	représentant
vs	**versus**	contre
VTR	**Video Tape Recorder**	magnétoscope
WB	**waybill**	feuille de route, lettre de voiture
wc	**without charge**	sans frais, gratis
Wed.	**Wednesday**	mercredi
wgt, wt	**weight**	poids, p.
wk	**week**	semaine
wp	**weather permitting**	si le temps le permet
WPA	**With Particular Average**	avec avarie particulière
wpm	**words per minute**	mots minute, mm
WYSIWYG	**What You See Is What You Get**	visualisation à l'écran = sortie imprimante
xc.	**ex coupon**	ex-coupon, ex-c(oup)
xd.	**ex-dividend**	ex-dividende, xd., ex-d.
Xmas	**Christmas**	Noël
yd	**yard**	0,9144 métres
Your ref.	**your reference**	votre référence, V Réf.
yr	**year**	an, année
yr	**your**	votre

Américanismes

	US		GB	FR
a	**billion**			milliard
a	**check**	a	**cheque**	chèque
a	**corporation** *(!)*	a	**company**	société
a	**crunch**			situation de crise
	gas(oline)		**petrol** *(!)*	essence
a	**Labor Court**			tribunal des prud'hommes
a	**labor union**	a	**trade union**	syndicat
	labor		**labour**	**1.** travail **2.** main-d'œuvre **3.** monde du travail syndical
a	**mail box**	a	**letter box**	boîte aux lettres
to	**maneuvre**	to	**manœuvre**	manœuvrer (intriguer)
an	**operative**	a	**worker**	ouvrier (en part. sur une machine)
a	**period (.)**	a	**full stop**	point final (.)
	poste restante		**general delivery**	poste restante
	president			président du conseil d'administration
a	**president (chairman &) managing director**			président-directeur général, PDG
a	**program**	a	**programme**	programme
a	**public officer**	a	**civil servant**	fonctionnaire
a	**railroad**		**railway**	chemin de fer
a	**sales clerk**	a	**salesperson**	vendeur, vendeuse
a	**slash**	an	**oblique**	barre oblique (/)
a	**stockholder**	a	**shareholder**	actionnaire
a	**sunrise industry**			industrie montante
a	**sunset industry**			industrie en déclin
the	**Teamsters (Union of Trucking and Warehousing Workers)**			manutentionnaires aux USA (principal syndicat de transporteurs et de manutentionnaires)
a	**telephone booth**	a	**telephone box**	cabine téléphonique
a	**truck**	a	**lorry**	camion
a	**vice-president**		**department manager**	directeur de filiale, directeur de service
a	**yellow-dog contract**			convention non conforme aux règlements syndicaux
a	**zip code**	a	**post(al) code**	code postal

Faux amis

A-B

an	**ability**	capacité
an	**Act**	décret, loi *(ratifiée)*
the	**agenda**	ordre du jour, programme d'une réunion
to	**apologise for sth.**	s'excuser de qqch.
	an apology	excuse
an	**application**	candidature
	an applicant	candidat, demandeur
an	**appointment**	**1.** nomination **2.** rendez-vous
to	**appoint s.o.**	nommer qqn
	archival storage	stockage d'archives
	articulate	qui sait s'exprimer
an	**atmosphere**	ambiance, climat
an	**auditor**	commissaire aux comptes
a	**bank holiday**	jour férié légal
a	**branch**	**1.** section syndicale **2.** succursale

C

	chair! chair!	à l'ordre !
	change	changement
to	**chant slogans**	scander des slogans
a	**character reference**	certificat de bonne moralité
	china	porcelaine
	clerical work	travaux administratifs, travail de bureau
a	**clerk**	employé de bureau
a	**combine**	concentration, cartel, trust
a	**compassionate leave**	congé pour convenance personnelle
a	**competition**	concours
	confident	**1.** assuré, persuadé **2.** confiant
	conservation	**1.** préservation, protection **2.** économies *(d'énergie)*
to	**conserve**	préserver, économiser
a	**corporation** *US*, **a company** *GB*	société

a	**degree**	diplôme d'enseignement supérieur
a	**delay**	retard
to	**delay**	retarder
a	**demand**	revendication
a	**demarcation dispute**	conflit des attributions *(du travail)*
to	**demonstrate**	manifester
a	**demonstration**	manifestation
a	**demonstrator**	manifestant
	design	**1.** conception **2.** dessin
to	**design**	**1.** concevoir **2.** dessiner
to	**develop a product**	mettre au point un produit
a	**development**	progrès
a	**discharge**	congédiement
to	**discharge s.o.**	congédier, renvoyer qqn

to	**educate**	instruire
	educated	instruit
	eligible for sth. (to be ~)	rempir les conditions requises pour qqch.
to	**eliminate jobs**	supprimer des emplois
	equipment	matériel
	exciting	passionnant
	expertise	connaissances techniques

a	**fabric**	tissu, étoffe
	facilities	installations
	female labour	main-d'œuvre féminine
a	**figure**	chiffre
	figures	chiffres, statistiques
to	**fill a vacancy**	pourvoir un poste vacant
	final	**1.** final **2.** définitif
a	**form**	formulaire
	formal	officiel
	fuel	carburant, combustible

G-I

a	**graduate**	diplômé
a	**hazard**	danger
	hazardous	dangereux
to	**incorporate**	se constituer *(pour une société)*
an	**incorporation**	constitution de société
an	**index,** *Pl* **indices**	**1.** indice **2.** index **3.** répertoire
an	**index book**	répertoire
	industrial action	action syndicale
	in force (to be ~)	être en vigueur
an	**issue**	**1.** problème *(sujet à controverse)* **2.** émission *(bordereau, timbre, etc.)*

J-L

a	**jacket**	chemise *(dossier)*
a	**job opportunity**	débouché professionnel
	junior	**1.** qui a peu d'expérience **2.** à un niveau inférieur dans la hiérarchie
a	**junior executive**	jeune cadre
	labour	**1.** travail **2.** main-d'œuvre **3.** monde du travail
a	**labourer**	**1.** manœuvre **2.** ouvrier agricole
	literacy	maîtrise de la lecture et de l'écriture
	literate	qui sait lire et écrire
	literature	documentation

M-O

a	**march**	défilé
a	**material**	**1.** matériau **2.** tissu
	materials	matières *(combustibles, fissiles, etc.)*
the	**minutes**	procès-verbal, compte rendu
an	**occupational hazard**	risque du métier
an	**officer**	préposé, responsable
an	**official strike**	grève organisée

	oil	**1.** pétrole **2.** huile (de moteur, etc.)
an	**opportunity**	**1.** occasion **2.** débouché
	organised labour	main-d'œuvre syndiquée

the	**particulars**	détails
to	**pass a Bill**	voter une loi
a	**pension**	**1.** retraite **2.** pension
a	**pension scheme**	caisse de retraite
	petrol *GB*, **gas(oline)** *US*	essence
a	**phrase**	expression
a	**pipe**	tuyau
a	**plant**	**1.** centrale *(électrique, nucléaire)* **2.** usine
a	**polytechnic** *GB*	IUT
a	**position**	situation, poste
	power	**1.** force **2.** énergie **3.** courant électrique
	premises *nom plur.*	locaux, lieux *(bâtiments et terrains)*
	preserves	conserves
a	**profession**	profession *(en particulier libérale)*
a	**professional**	**1.** professionnel **2.** membre d'une profession libérale
the	**provisions of a contract**	dispositions d'un contrat
the	**purchasing power**	pouvoir d'achat

	racial prejudice	racisme
a	**rally**	rassemblement
to	**receive a report**	accepter, adopter un rapport
a	**regulation**	règlement, réglementation
to	**resign**	démissionner
a	**resignation**	démission
to	**retire**	partir à la retraite
to	**retire s.o.**	mettre qqn à la retraite
	retired (to be ~)	être à la retraite
a	**résumé**	curriculum vitae, CV
to	**run**	faire fonctionner

to	**save**	économiser, sauvegarder
	senior	**1.** qui a de l'expérience **2.** qui a un poste élevé
	seniority	ancienneté
a	**shop**	atelier
a	**sign**	pancarte
a	**society**	association à but non lucratif
a	**solicitor** *GB*	**1.** notaire *(approx.)* **2.** avoué
	sophisticated	**1.** évolué **2.** raffiné **3.** complexe
a	**subject**	matière *(d'enseignement)*
to	**supply**	fournir, alimenter, approvisionner

a	**technical college**	école supérieure technique
a	**union**	syndicat
a	**vacancy, a vacant position**	poste vacant
a	**vexation**	affront

Incoterms

"E"-term

Departure :

EXW **EX WORKS**
(... named place)

"F"-terms

Main carriage unpaid :

FCA **FREE CARRIER**
(... named placed)

FAS **FREE ALONGSIDE SHIP**
(... named port of shipment)

FOB **FREE ON BOARD**
(... named port of shipment)

"C"-terms

Main carriage paid :

CFR **COST AND FREIGHT**
(... named port of destination)

CIF **COST, INSURANCE AND FREIGHT**
(... named port of destination)

CPT **CARRIAGE PAID TO**
(... named place of destination)

CIP **CARRIAGE AND INSURANCE PAID TO**
(... named place of destination)

"D"-terms

Arrival :

DAF **DELIVERED AT FRONTIER**
(... named place)

DES **DELIVERED EX SHIP**
(... named port of destination)

DEQ **DELIVERED EX QUAY (DUTY PAID)**

DDU **DELIVERED DUTY UNPAID**
(... named place of destination)

DDP **DELIVERED DUTY PAID**
(... named place of destination)

Other terms:

EDI **Electronic Data Interchange**
FCL **Full Container Load**
LCL **Less Than A Container Load**
PSI **Pre-shipment Inspection**

Terme E

Départ :

EXW À L'USINE
(... lieu convenu)

Termes F

Transport Principal Non Acquitté :

FCA FRANCO TRANSPORTEUR
(... lieu convenu)

FAS FRANCO LE LONG DU NAVIRE
(... port d'embarquement convenu)

FOB FRANCO BORD
(... port d'embarquement convenu)

Termes C

Transport Principal Acquitté :

CFR COÛT ET FRET
(... port de destination convenu)

CIF COÛT, ASSURANCE ET FRET
(...port de destination convenu)

CPT PORT PAYÉ JUSQU'À
(... lieu de destination convenu)

CIP PORT PAYÉ, ASSURANCE COMPRISE JUSQU'À
(... lieu de destination convenu)

Termes D

Arrivée :

DAF RENDU FRONTIÈRE
(... lieu convenu)

DES RENDU EX SHIP
(... port de destination convenu)

DEQ RENDU À QUAI (DROITS ACQUITTÉS)
(... port de destination convenu)

DDU RENDU DROITS NON ACQUITTÉS
(... lieu de destination convenu)

DDP RENDU DROITS ACQUITTÉS
(... lieu de destination convenu)

Autres termes :

EDI Échange de Données Informatiques
FCL Conteneur Complet
LCL Moins d'un conteneur Complet
PSI Inspection avant Expédition

Monnaies

Country	Currency	Pays	Devise
Albania	**Leck**	Albanie	Lek
Argentina	**Peso**	Argentine	Peso
Australia	**Dollar**	Australie	Dollar
Austria	**Schilling**	Autriche	Schilling
Belgium	**Franc**	Belgique	Franc
Belize	**Dollar**	Bélize	Dollar
Bolivia	**Peso Boliviano**	Bolivie	Peso de Bolivie
Bostswana	**Pula**	Botswana	Pula
Brazil	**Cruzeiro**	Brésil	Cruzeiro
Bulgaria	**Lev**	Bulgarie	Lev
Burma	**Kyat**	Birmanie	Kyat
Canada	**Dollar**	Canada	Dollar
Chile	**Peso**	Chili	Peso
China	**Yuan**	Chine	Yuan
Colombia	**Peso**	Colombie	Peso
Costa Rica	**Colon**	Costa Rica	Colon
Cuba	**Peso**	Cuba	Peso
Czechoslovakia	**Koruna**	Tchécoslovaquie	Couronne
Denmark	**Krone**	Danemark	Couronne
Dominican Republic	**Peso**	République Dominicaine	Peso
Ecuador	**Sucre**	Équateur	Sucre
Egypt	**Pound**	Égypte	Livre
Eire	**Punt**	République d'Irlande	Livre
El Salvador	**Colon**	Salvador	Colon
Ethiopia	**Dollar**	Éthiopie	Dollar
Finland	**Markka**	Finlande	Mark
France	**Franc**	France	Franc
Germany	**(Deutsche) Mark**	Allemagne	(Deutsche) Mark
Greece	**Drachma**	Grèce	Drachme
Guatemala	**Quetzal**	Guatemala	Quetzal
Guyana	**Dollar**	Guyane	Dollar
Haiti	**Gourde**	Haïti	Gourde
Honduras	**Lempira**	Honduras	Lempira
Hong Kong	**Dollar**	Hong Kong	Dollar
Hungary	**Forint**	Hongrie	Forint
Iceland	**Krona**	Islande	Couronne
India	**Rupee**	Inde	Roupie

Country	Currency	Pays	Devise
Indonesia	**Rupiah**	Indonésie	Rupiah
Iran	**Rial**	Iran	Rial
Iraq	**Dinar**	Irak	Dinar
Israel	**Shekel**	Israël	Shekel
Italy	**Lira**	Italie	Lire
Jamaica	**Dollar**	Jamaïque	Dollar
Japan	**Yen**	Japon	Yen
Kenya	**Kenyan Shilling**	Kenya	Shilling
Kuwait	**Dinar**	Koweit	Dinar
Lebanon	**Pound**	Liban	Livre
Luxembourg	**Franc**	Luxembourg	Franc
Lybia	**Dinar**	Lybie	Dinar
Malaysia	**Ringgit**	Malaisie	Ringgit
Mexico	**Peso**	Mexique	Peso
Morocco	**Dirham**	Maroc	Dirham
Netherlands	**Guilder**	Pays-Bas	Florin
New Zealand	**Dollar**	Nouvelle-Zélande	Dollar
Nicaragua	**Cordoba**	Nicaragua	Cordoba
Nigeria	**Naira**	Nigéria	Naira
Norway	**Krone**	Norvège	Couronne
Oman	**Rial**	Oman	Rial
Pakistan	**Rupee**	Pakistan	Roupie
Panama	**Balboa**	Panama	Balboa
Paraguay	**Guarani**	Paraguay	Guarani
Peru	**Sol**	Pérou	Sol
Philippines	**Peso**	Philippines	Peso
Poland	**Zloty**	Pologne	Zloty
Portugal	**Escudo**	Portugal	Escudo
Romania	**Leu**	Roumanie	Leu
Russia	**Rouble**	Russie	Rouble
Saudi Arabia	**Riyal**	Arabie Saoudite	Rial
South Africa	**Rand**	Afrique du Sud	Rand
Spain	**Peseta**	Espagne	Peseta
Sri Lanka	**Rupee**	Sri Lanka	Roupie
Swaziland	**Lilangeni**	Swaziland	Lilangeni
Sweden	**Krona**	Suède	Couronne
Switzerland	**Franc**	Suisse	Franc
Syria	**Pound**	Syrie	Livre
Tanzania	**Tanzanian Shilling**	Tanzanie	Shilling
Thailand	**Bath**	Thaïlande	Bath
Tunisia	**Dinar**	Tunisie	Dinar

Country	Currency	Pays	Devise
Turkey	**Lira**	Turquie	Livre
United Arab Emirates	**Dirham**	Émirats Arabes Unis	Dirham
United Kingdom	**Pound**	Royaume-Uni	Livre
Uruguay	**Peso**	Uruguay	Peso
USA	**Dollar**	États-Unis	Dollar
Venezuela	**Bolivar**	Vénézuela	Bolivar
Yemen Arab Republic	**Riyal**	République Arabe du Yémen	Riyal
Yemen South	**Dinar**	Yémen Sud	Dinar
Yugoslavia	**Dinar**	Yougoslavie	Dinar
Zaire	**Zaire**	Zaïre	Zaïre
Zambia	**Kwacha**	Zambie	Kwacha
Zimbabwe	**Dollar**	Zimbabwe	Dollar

Poids et mesures

Mesure	Valeur	Équivalent
1 millimètre (mm)		0,0394 in
1 centimètre	10 mm	0,3937 in
1 mètre (m)	100 cm	1,0936 yds
1 kilomètre	1 000 m	0,6214 mile
1 inch (in)		2,54 cm
1 foot (ft)	12 inches	0,3048 m
1 yard	3 feet	0,9144 m
Longueur / Length		
1 rod	5,5 yards	5,0292 m
1 chain	22 yards	20,117 m
1 furlong	220 yards	201,17
1 mile	1 760 yards	1,6093 km
1 nautical mile	6 080 feet	1,8532 km
Poids / Weight		
1 milligramme (mg)		0,0154 grain
1 gramme (g)	1 000 mg	0,0353 oz
1 kilogramme (kg)	1 000 g	2,2046 lb
1 tonne (t)	1 000 kg	0,9842 ton
1 ounce	437,5 grains	28,350 g
1 pound	16 ounces	0,4536 kg
1 stone	14 pounds	6,3503 kg
1 hundredweight	112 pounds	50,802 kg
1 ton	20 ctw	1,0161 tonnes
Surface / Area		
1 cm^2	100 mm^2	0,1550 sq. in
1 m^2	10 000 cm^2	1,1960 sq. yds
1 are (a)	100 m^2	119,60 sq. yds
1 hectare (ha)	100 ares	2,4711 acres
1 km^2	100 hectares	0,3861 sq. mile
1 sq. in		6,4516 cm^2
1 sq. ft	144 sq. in	0,0929 m^2
1 sq. yd	9 sq. ft	0,8361 m^2
1 acre	4 840 sq. yds	4046,9 m^2
1 sq. mile	640 acres	259 hectares
Capacité / Capacity		
1 cm^3		0,0610 cu. in
1 dm^3	1 000 cm^3	0,0351 cu. ft
1 m^3	1 000 dm^3	1,3080 cu. yds
1 litre	1 dm^3	0,22 gallon
1 hectolitre	100 litres	2,7497 bushels
1 cu. inch		16,387 cm^3
1 cu. ft	1 728 ci. in	0,0283 m^3
1 cu. yard	27 cu / ft	0,7646 m^3

1 fluid ounce	8 fl. drachms	28,413 cm3
1 pint	20 fl. oz	568,26 cm3
1 pint	4 gills	0,5683 litre
1 quart	2 pints	1,1365 litres
1 gallon	8 pints	4,5461 litres
1 bushel	8 gallons	36,369 litres
US Dry measures		
1 pint	0,9689 uk pt	0,5506 litre
1 bushel	0,9689 uk bu	35,238 litres
US Liquid measures		
1 fluid ounce	1,0408 uk fl oz	0,0296 litre
1 pint (16 oz)	0,8327 uk pt	0,4732 litre
1 gallon	0,8327 uk gal	3,7853 litres

Sigles

AA	**Automobile Association** *GB*	
AAAA	**American Association of Advertising Agencies**	
ABC	**American Broadcasting Corporation**	
ABCC	**Association of British Chambers of Commerce**	
ACAS	**Advisory , Conciliation and Arbitration Service** *GB*	organisme gouvernemental de conciliation
AFL-CIO	**American Federation of Labour – Congress of Industrial Organizations**	principale centrale syndicale américaine
AG	**Accountant General**	Chef de la Comptabilité
AG	**Attorney General**	
AG	**Agent General**	
AID	**Agency for International Development** *US*	
AIDS	**Acquired Immune Deficiency Syndrome**	SIDA
AIWM	**American Institute of Weights and Measures**	
AMEX	**American Express Company**	
AMSO	**Association of Market Survey Organisations** *GB*	
ANSI	**American National Standards Institute**	agence de normalisation
AP	**Associated Press**	
APEX	**Association of Professional, Executive and Computer Staffs** *GB*	
APT	**Advanced Passenger Train**	
ARAMCO	**Arabian-American Oil Company**	
ASA	**Advertising Standards Authority**	Bureau de la Vérification de la Publicité, BVP
ASCII	**American Standard Code for Information Interchange**	
ASE	**American Stock Exchange**	
ASTMS	**Association of Scientific, Technical and Managerial Staff** *GB*	
ATA	**Air Transport Association**	
AT&T	**American Telephone and Telegraph**	
B of E	**Bank of England**	
BA	**British Airways**	
BAA	**British Airport Authority**	
BARB	**Broadcasters Audience and Research Board**	

BASIC	**Beginners All-purpose Symbolic Instruction Code**	langage de programmation
BB	**Bureau of the Budget** *US*	
BBC	**British Broadcasting Corporation**	
BCC	**British Chamber of Commerce**	
BCE	**Board of Customs and Excise** *GB*	douanes
BES	**Business Expansion Scheme** *GB*	
BG	**British Gas**	
BIM	**British Institute of Management**	
BIS	**Bank of International Settlements**	
BL	**British Library**	
BOTB	**British Overseas Trade Board**	
BP	**British Petroleum**	
BR	**British Rail**	
BSCP	**British Standard Code of Practice**	
BSI	**British Standard Institution**	agence de normalisation
BSO	**Business Statistics Office** *GB*	
BSS	**British Standard Specification**	
BST	**British Summer Time**	
BST	**British Standard Time**	
BT	**British Telecom** *GB*	la direction des télécommunications
BTA	**British Tourist Authority**	
BUPA	**British United Provident Association** *GB*	service hospitalier privé
CA	**Consumers' Association** *GB*	
CAC	**Consumers' Advisory Council** *GB*	
CAP	**Common Agricultural Policy**	
CAP	**Code of Advertising Practice**	
CARIFTA	**Caribbean Free Trade Area**	
CBI	**Confederation of British Industry**	équivalent du CNPF français
CC	**Chamber of Commerce**	
CE	**Chancellor of the Exchequer** *GB*	ministre des finances
CED	**Committee for Economic Development**	
CEEC	**Council for European Economic Cooperation**	
CEEFAX		Équivalent britannique du système français ANTIOPE
CIA	**Central Intelligence Agency** *US*	
CM	**Common Market**	
COBOL	**Common Business Oriented Language**	langage de programmation
COI	**Central Office of Information**	
CPI	**Consumer Price Index**	
CS	**Civil Service**	
CUP	**Cambridge University Press**	

DHHS	**Department of Health and Human Services** *US*	Ministère de la Santé et des Affaires Sociales
DHSS	**Department of Health and Social Security** *GB*	Ministère de la Santé et des Affaires Sociales
DOE	**Department of the Environment** *GB*	
DOT	**Department of Transport** *GB*	
DTI	**Department of Trade and Industry** *GB*	
EAAA	**European Association of Advertising Agencies**	
EAGGF	**European Agricultural Guidance and Guarantee Fund**	
EC	**Economic Community**	
ECE	**Economic Commission for Europe**	
ECSC	**European Coal and Steel Community**	Communauté Européenne du Charbon et de l'Acier, CECA
ECU	**European Currency Unit**	
EDI	**Electronic Data Interchange**	
EEC	**European Economic Community**	
EFTA	**European Free Trade Association**	Association Européenne de Libre-échange, AELE
EIB	**European Investment Bank**	Banque Européenne d'Investissement, BEI
EMA	**European Monetary Agreement**	
EMS	**European Monetary System**	Système Monétaire Européen, SME
EOC	**Equal Opportunities Commission** *GB*	
EP	**European Parliament**	
EPU	**European Payments Union**	Union Européenne de Paiements, UEP
ER	**Elizabeth Regina**	
ERM	**Exchange Rate Mechanism**	
ESA	**European Space Agency**	Agence Spatiale Européenne, ASE
ESF	**European Social Fund**	Fonds Européen Social, FES
ESPRIT	**European Strategic Programme for Research in Information Technology**	
ETO	**European Travel Organisation**	
ETO	**European Transport Organisation**	
FAO	**Food and Agriculture Organisation**	Organisation pour l'alimentation et l'agriculture
FBI	**Federal Bureau of Investigation** *US*	
FCA	**Fellow of the Institute of Chartered Accountants**	expert-comptable
FCC	**Federal Communications Commission** *US*	
FDA	**Food and Drug Administration** *US*	
FORTRAN	**Formula Translation**	langage informatique
FT	**Financial Times**	

FTC	**Federal Trade Commission** *US*	
GATT	**General Agreement on Tariffs and Trade**	Accord Général sur les Tarifs Douaniers et le Commerce, AGTDC
GCSE	**General Certificate of Secondary Education**	
GDP	**Gross Domestic Product**	
GM	**General Motors** *US*	
GMT	**Greenwich Mean Time**	
GNI	**Gross National Income**	
GNP	**Gross National Product**	
HEW	**Department of Health, Education and Welfare** *US*	
HMSO	**His/Her Majesty's Stationery Office** *GB*	Agence gouvernementale de documentation
IATA	**International Air Transport Association**	
IBA	**Independent Broadcasting Authority** *GB*	
IBM	**International Business Machines** *US*	
ICI	**Imperial Chemical Industries** *GB*	
IMF	**International Monetary Fund**	
IR	**Inland Revenue** *GB*	le fisc
IRS	**Internal Revenue Service** *US*	le fisc
ISBN	**International Standard Book Number**	
ISDN	**Integrated Services Digital Network**	Réseau Numérique à Intégration de Services, RNIS («NUMERIS»)
ISO	**International Standards Organisation**	
ISSN	**International Standard Serial Number**	
ITN	**Independent Television News**	
ITO	**International Trade Organisation**	
ITV	**Independent Television**	
LCD	**Liquid Crystal Display**	
LR	**Lloyd's Register**	
LSE	**London Stock Exchange**	
LSE	**London School of Economics**	
MCA	**Monetary Compensation Amount**	montants compensatoires, démantelés en 1988
MEP	**Member of the European Parliament**	député
MIT	**Massachusetts Institute of Technology** *US*	
MITI		Ministère japonais du commerce et de l'industrie
MLR	**Minimum Lending Rate**	
MP	**Member of Parliament** *GB*	
NALGO	**National and Local Government Officers Association** *GB*	

NASA	**National Aeronautic and Space Administration** *US*	
NATO	**North Atlantic Treaty Organisation**	Organisation du Traité de l'Atlantique Nord, OTAN
NBC	**National Broadcasting Corporation**	
NCB	**National Coal Board** *GB*	charbonnages britanniques
NEDC	**"Neddy", National Economic Development Council** *GB*	
NHS	**National Health Service** *GB*	
NI	**National Insurance** *GB*	
NOW	**National Organization of Women** *US*	Organisation féministe militante
NUM	**National Union of Mineworkers** *GB*	syndicat des mineurs
NUPE	**National Union of Public Employees** *GB*	syndicat national de la fonction publique
NUR	**National Union of Railwaymen** *GB*	syndicat national des cheminots
NUT	**National Union of Teachers** *GB*	syndicat national des enseignants
NYSE	**New York Stock Exchange**	Bourse de New York
OECD	**Organisation for Economic Cooperation and Development**	Organisation de Coopération et de Développement Économique, OCDE
OED	**Oxford English Dictionary**	
OFT	**Office of Fair Trading** *GB*	Direction de la Concurrence et des prix
OPEC	**Organisation of Petroleum Exporting Countries**	Organisations de Pays Exportateurs de Pétrole, OPEP
OUP	**Oxford University Press**	
PA	**Press Association**	
PA	**Publishers Association**	
PABX	**Private Automatic Branch (Telephone) Exchange**	
PAYE	**Pay As You Earn** *GB*	prélèvement fiscal à la source
PLA	**Port of London Authority**	
POB	**Pox Office Box**	
POP	**Post Office Preferred**	formats postaux normalisés
PRO	**Public Records Office** *GB*	
QUANGO	**Quasi Autonomous Non-Governmental Organisation**	
RAC	**Royal Automobile Club** *GB*	
RE	**Royal Exchange**	Bourse du Commerce à Londres
RM	**Royal Mail**	
SAYE	**Save As You Earn** *GB*	
SEC	**Securities and Exchange Commission** *US*	Commission des Opérations de Bourse, COB
SMP	**Statutory Maternity Pay** *GB*	indemnités de maternité
SSP	**Statutory Sick Pay** *GB*	indemnités maladie

TGWU	**Transport and General Workers' Union** *GB*	syndicat des transports et ouvriers non qualifiés
TOEFL	**Test of English as a Foreign Langage**	
TUC	**Trade Union Congress** *GB*	direction confédérale des syndicats britanniques
UNESCO	**United Nations Educational Scientific and Cultural Organisation**	
UNICEF	**United Nations International Children's Emergency Fund**	
UNO	**United Nations Organisation**	Organisation des Nations Unies, ONU
UPI	**United Press International**	
USM	**United States Mint**	
USM	**Unlisted Securities Market**	
USPO	**United States Post Office**	
VAT	**Value-added Tax**	Taxe à la Valeur Ajoutée, TVA
WEU	**Western European Union**	Union de l'Europe Occidentale, UEO
WHO	**World Health Organisation**	Organisation Mondiale de la Santé, OMS
YMCA	**Young Men's Christian Association**	
YWCA	**Young Women's Christian Association**	

Notes